泰源風雲

政治犯監獄革命事件

高金郎 著

（新版）

獻予

所有參與泰源起義的兄弟！

紀念

犧牲性命的五位烈士同志！

目次

本書作者高金郎面請教宗為受苦受難的台灣民眾祈安賜福。

推薦序——向泰源起義英雄致敬

劉重義

高金郎先生是泰源起義主要策劃人之一。伊自二〇〇七年就和我有密切的共事，作伙打拚宣揚台灣民族主義。二〇〇五年我自美國搬轉來台灣進前，當時資訊有限，攏將施明德當作是領導泰源起義的主要人物。熟識高先生了後，讀伊親身參與所寫的《泰源風雲》，才對這個重要的歷史事件有較深入完整的瞭解。

泰源監獄自一九六〇年代中期是支那黨關政治犯的大本營，其中有台灣獨立思想的勇士，在一九六八年二月開始計謀自獄內發動武裝起義，要奪取輕裝師武器，佔領富岡電台，放送「台灣獨立宣言」，和分發台灣獨立宣傳單。伊也準備聯合原住民在山區打游擊，期待激發全島性反外來赤藍統治的革命烈火。伊成功爭取著執行警衛任務的台灣人士官兵，以及當地的原住民知識青年等，總共超過百外人決心加入革命隊伍，推翻赤藍統治集團。

一九七〇年二月初八，六個勇壯、堅決的外役政治犯，鄭金河、陳良、謝東榮、江炳興、詹天增和鄭正成，照計畫發動起義。可惜，行動過程的意外，致到事蹟敗露。六壯士被情勢所逼，帶槍逃亡山區。當時服兵役在東部第十九師五五旅擔任旅部連通訊中心代主任的謝文雄回想講：每日有關抓人進度和動員佈置的往來電文，攏由我經手，我知這是台獨案件，心內替他六人著急，卻無法度出手援助。

到二月十八，六壯士先後被抓押回。江炳興志士被抓到警察局以後，對圍在外面關心的群眾大吼「台灣獨立萬歲」，予群眾瞭解：這是一場台灣獨立革命起義，毋是支那黨惡宣傳的逃獄事件。三月三十，軍事法庭宣判，除鄭正成被判刑十五年六月日，其他五位攏快速在五月三十被凌遲殺害，爲追求台灣民族獨立和自由而犧牲生命。

起義行動失敗後，五位烈士勇敢承擔所有責任，在嚴刑偵訊中緊守口風，假講鄭正成壯士並不知情，是被逼的，也無透露牽連其他同志。當時，支那黨在聯合國的席位已經眞危險，加上四月廿四日發生台獨壯士黃文雄和鄭自才在紐約刺殺蔣經國的行動，予台灣問題成做國際社會注目的焦點。在內外情勢的壓力下，赤藍高層一方面企圖掩蓋泰源起義的革命意義，閣要報復台灣青年刺殺蔣經國的行爲，所以，採取快速結案，用黑道式的執刑，殘暴虐殺五位泰源壯士洩憤。其他百多位參與行動計畫的革命同志因此倖免受難。

鄭金河烈士在將被押去刑場彼時，大聲吼：「台灣獨立萬歲！」鄭正成志士帶出鄭金河烈士最後的遺言：「台灣若無獨立，是咱這一代少年人的見笑！」「阮要去啦，剩的著留給您囉！」

多年來，台灣政治受難者關懷協會每到五月三十，攏聚集在台北義光基督長老教會，舉行泰源五烈士和陳智雄烈士成仁聯合追思禮拜，因爲台灣民族英雄陳智雄烈士是在一九六三年五月廿八日被支那黨殘暴虐殺。

台灣民族同盟在二〇一三年，陳智雄烈士成仁五十周年的時刻，聯合本土社團用「表揚民族英雄，鼓舞抗爭精神」的思維，擴大紀念活動，除了紀念爲台灣人死的陳智雄烈士，和發動革命而犧牲生命的五位泰源烈士，也第一擺公開表揚當年勇敢投入起義行動計畫的勇士，予所有用具體行動勇敢追求台灣獨立的志士，攏受著台灣社會應有的肯定和尊敬。

台灣民族同盟在二〇一六年再度聯合本土社團，策劃「Siro Heroes–泰源事件」舞台劇，由台灣大學戲劇系和國立藝術大學戲劇系的畢業生合作編劇演出。台灣的政治受難者有兩種無仝的國家認同：有台灣獨立思想的叫做Siro，日語白色的意思，對比彼寡認同支那的Aka，紅色的意思。二〇一七年二月廿五和廿六兩日，「Siro Heroes–泰源事件」在台北台灣藝術教育館的南海劇場公演三場，每場攏客滿，八十%的觀眾是少年人。同盟並聘請專業攝影團隊，將舞台劇拍做高品質的ＤＶＤ光碟影片，來保存這個珍貴的民族文化資產。

泰源起義烈士對外來赤藍集團，開了台灣民族獨立運動的第一槍，他勇敢反抗外來赤藍統治的精神，正正是「台灣魂」的精粹。將這種閣尖閣利的反抗題材用舞台劇形式公開演出，在台灣是第一攤，目的是要喚起台灣人對這個事件的認識與重視，予先賢志士爲了爭咱台灣人的出頭天，採取行動挑戰外來統治勢力的勇敢精神廣爲流傳，以強化台灣人守護家園的意志。

台灣民族同盟自二〇一三年開始，每年攏有紀念陳智雄烈士和五位泰源烈士的活動，爲台灣民族主義思想在台灣社會釘根。這中間，反動派不斷放出擾亂泰源起義革命意義的假資訊和謠言，他講「泰源事件並無追求台灣獨立的思想」以及「泰源事件是Siro要藉機會刣Aka」。尤其可惡的是，二〇一三年支那共產黨綁匪竟然在北京西山，將泰源五烈士和陳智雄烈士等，列做是爲支共綁匪顛覆赤藍政權的支那無名英雄。換一句話講，他要強調，泰源事件毋是追求台灣獨立的革命行動。

高金郎先生對反動派企圖歪曲泰源起義的政治意義非常憤慨，尤其過去幾冬有眞濟新的事件相關資料出現，就決定將《泰源風雲》增修內容出新版。我非常贊成並自願盡力幫忙，予新版本的內容可以閣較充實和正確。

支那黨處理泰源事件的相關報告，以及眞濟當時在獄中的政治受難者出獄後的自述，攏指出泰源起義是追求台灣獨立的行動，反動派的歪曲無可能欺騙社會。這寡活命落來的泰源志士，絕大多數出獄後也攏無放棄追求台灣獨立的心願。

高金郎先生在準備資料過程中，尋著郭振純先生在火燒島出獄後，用日文手寫的「台灣獨立宣言」原稿。郭先生舊年才過身，是阮所尊敬的先輩。伊在泰源起義的行動計劃中，是擔任留守在監獄區，管理革命隊伍所拘留的支那黨獄方人員。伊在宣言結尾講：「身為台灣人，阮在遮向國際社會宣告，絕不放棄依據（舊金山）和約和（聯合國）憲章精神建立自己國家的權利，用性命反對國際強權任何搓圓仔湯的惡質手法的侵害，更期待天佑台灣。」

《泰源風雲》這本冊，予咱認識：在泰源起義，有一大群台灣青年人，有勇氣敢抛生命採取激烈的行動，為著喚醒台灣社會剷除外來統治體制，追求台灣獨立和台灣人的自由，無論是犧牲性命的五位烈士，或是幸運活命落來的勇士，他攏是台灣民族的英雄，他堅固了咱民族要出頭天所著持守的台灣魂。

台灣民族同盟總召 劉重義 博士

二〇一九年四月十二日

我讀《泰源風雲》
——政治監獄・政治犯・革命・人權

李鴻禧

一九六〇年代後半，我負笈東瀛，到日本國立東京大學法政研究所，專攻憲法與人權，拜在當代憲法大師蘆部信喜門下。甫入學不久，就知道東大發生所謂「劉顏事件」；在東京大學留學的劉佳欽、顏尹謨於回台省親時，被政府逮捕審判，處以叛亂重罪繫獄；引起東京大學師生的震撼與關懷。當時就有些東大師長，以從「國際赦免組織」和「國際紅十字會」轉得的起訴書和判決書，要我口譯敘說給他們聽。針對起訴書的粗糙，多祇憑據被告的自白而欠缺有力的犯罪證據；以及判決書的輕易認定叛亂罪，輒科處極重刑罰；東大教授面色凝重、搖頭嘆息。有位師長不經意的說：「台灣的民主憲政及人權保障水準的低落，遠出我意想之外；李兄，看來你以後相當任重道遠呀！」使我在自感羞慚之外，另有錯綜複雜的感慨；也使我日後在研究人權問題中，特別會關懷世界各地的政治犯問題。

在日本東大留學六年中，由於日本是言論、出版自由受到極爲週到保障的國家；不難從有關之國際組織，獲得世界各國迫害政治犯的資訊，和受政治迫害者的著述或回憶錄。因而，我看了不少政治犯的著述。從蘇聯古拉格群島到南越「反共村」的「虎檻」，從波蘭的「瘋人院」到希臘的「修道院」；曾經凜森悚怖、噙淚含悲地讀了不同國家社會蹂躪踐踏政治異議者的辛酸血淚的記錄。然而，當我讀到高金郎先生所著此部《泰源風雲》時，感觸特別深刻，思潮也翻覆汹湧良久。

像泰源、綠島或岸灣這類屬於思想感訓監獄，我曾應法務部之邀參觀過；也曾多次受邀到土城仁愛感化中心上過課；此外在應世界人權學會或美國國務院之邀，做環球性參觀訪問時也曾選訪了若干「政治監獄」。對思想感訓政治監獄之硬體建築，以及內部管理運營，有一定的認識與理解。台東泰源監獄這所曾經囚禁、「感化」施明德、蘇東啓、柯旗化等政治犯的政治監獄：在《泰源風雲》這部台灣尠見的政治監獄手記著作中，作者就其監獄建築與人犯配置，監獄管理與政治運營，以及獄中同僚之簡略生平、所犯罪名、判處刑期等，曾平鋪直敘地做了平實而不誇張的介紹。與自己長年來參觀訪問所留下的印象，相當脗合；因而頗能信其所言，受到感動。

一般說來，在世界各國之政治監獄，由於所囚禁者並非社會犯罪犯人，而是政治思想之異議者；所以防範囚犯之脫逃及外來的劫救，雖然極爲嚴密，但對犯人在監獄中之居住空間、獄中生活、乃至飲食運動，都遠超過一般監獄優裕寬厚。因此，讀到作者高金郎描述泰源監獄：「人丁盛時，七坪半的房間曾住到二十三個大男人，吃、喝、拉、撒、睡都在這裡；每個人晚上睡覺的地方只有大約三十公分寬、一百八十公分長的位置，有人說晚上起來小便回來後，就找不到自己的位置了。」心中有說不出的痛楚；感嘆以儒家忠恕之道立國的中華民國，對於非社會犯罪之政治異議者，竟然如此殘酷不人道。

本來，依現代刑事法學原理，監獄行刑之意義在於教育感化，使受刑人能知自己過錯、改過遷善，俾能在出獄後適應社會環境，司法更生。監獄行刑絕不可抱持過去專制王朝時代的應報刑主義，否則嚇阻受刑人再犯罪之功效不大，造成受刑人報復心理之再犯罪的可能性增加。尤其對政治犯更應予以特別待遇；對他們不但不能以凌虐污辱、踐踏尊嚴，來報復嚇阻；而且應延請學識思想高超的人士，來交換意見、研究討論，試行潛移默化教育感化。像綠島或泰源這種以囚禁政治犯爲主的監獄，自然更須以優秀之典獄長、管理人員及訓誨師，耐心地運營教化。若反而以殘酷成性之獄官，祇會濫權鎮壓、凌虐人犯，以維監獄秩序；則不唯無法使犯人刑滿後，司法更生；抑且，有時會醞釀囚犯怨懟激成監獄暴動、甚或燃起革命火花，成爲燎原之星火。

泰源監獄先收容綠島監獄「新生訓練營」的長期犯人，接著接入台北軍事監獄的政治犯，然後集中新店及各軍種看守所的政治犯；龍蛇雜遝、牛驥同皁。作者高氏記述：原以爲這些政治犯都應該有一段「轟轟烈烈」的過去，才會判處很長刑期，可是一一查對，覺得可憐得很，大多數政治犯都是被子虛烏有的罪名所羅織。這的確給人衝擊的感受。然而，細繹本書，就會感到有些政治犯，確是有很強烈的政治思想和革命意識，即令身繫囹圄，飽受肉體與精神的摧殘，仍念念不忘推翻暴政、革命建國的長年宿願。本書記敘在泰源監獄功敗垂成的「革命」事件，獄中受刑人如何煞費苦心，謹慎小心地串連籌劃，耐心地等待革命良機，甚至如何結交監獄守衛，借外役工作做好與監獄附近民眾之人際關係等。這與我看過國外有關政治監獄暴亂事件，多有雷同之處。可是，「泰源監獄革命事件」與眾不同的是，舉事者是以監獄為革命建國之發源地，想借監獄革命成功之勢，佔據附近電台、軍營，號召激化全台革命。與一般國外政治監獄變亂之文獻記載，犯人祇圖脫獄逃亡、徐圖再舉之情形，大相迴異，讀來較具震撼力而有深刻印象，使我對「政治犯與人權」問題之思考，增加了視界層面和意義深邃，裨益良多。

這本書以作者自己長年被囚泰源監獄，親歷「泰源監獄革命事件」之瑣瑣細細情節，串連布局記敘出當時獄友生平思想之點點滴滴記聞，也因而使讀者在這些斷簡殘篇的綴補縫接中，可以依稀模糊地看出政府當局對待政治犯之輪廓概觀，以及一般政治犯所抱持的政治思想。這對研究台灣政治運動史者，可能提供另一種值得分析、評估、鑑證的資料。在本書第七章，作者走訪當年參與「泰源監獄革命事件」之有關人士，就當時發布卻在今天仍然成謎的「台灣獨立宣言」，大略又拼湊出一個輪廓。拿這宣言和一九八八年起在台灣各地不同黨派提出之台灣獨立思想做個比較，確是饒富趣味。然而，筆者所更關心的是本書第六章，作者於一九九〇年訪問一泰源監獄虎口餘生者，談其所受之背冰、背劍、電擊、疲勞訊問、吊打，刧後多年仍泣不成聲。這種慘無人性的凌虐政治犯，與納粹、法西斯、共產政權，幾乎同出一轍；不應是標榜反共產極權，倡言自由民主的台灣國民黨政府所可以做的。

當然，本書作者高金郎在撰寫本書時，也一如世界各國所見之同類著作，難以避免的，有作者些許主觀的看法，但這無傷於本書之做爲台灣政治史之手記、文獻、資料之意義。我長年閱讀政治受難者之回憶錄、手記及相關文獻，對自己專攻之憲法學、政治學，有相當的裨益與意義。有位深入研究政治犯問題的憲法人權學者，曾指摘：「政治監獄是一個國家社會邁入民主憲政的最後關隘；當政治監獄從國家社會消失時，人民就已然踏在民主憲政的路程，而且不可能再回頭。」現在台灣的綠島政治監獄已夕陽斜照，「懲治叛亂條例」、「檢肅匪諜條例」也已被扔入歷史浪潮汨沒，泰源監獄「寂靜的春天」也漸恢復生之氣息。讀此《泰源風雲》，感觸良多，思緒錯綜，久久不能自已。

一九九一、五、二〇深夜于永和黌齋

《泰源風雲》新版序

高金郎

泰源事件發生至今，將近半個世紀，即使頭一次向社會披露也已近三十年，但是直到今天，才能把失敗被捕受審判，以及被虐殺的經過做補充。主要因為直到今天，立委諸公還在爭吵能不能讓檔案公開的關卡。例如此案嫌疑受偵訊的警衛連士官兵賴在、李加生、張文隆⋯及附近書店、修車廠、養豬人家⋯等超過半百人數，從偵訊的內容可以看出烈士們為獨立建國所下的功夫，以及對當地青年的影響。

但是筆者深知檔案的新證據目的不在重述烈士的英勇事蹟，讚嘆烈士們勇敢承擔責任，把全案界定在江炳興參與開始，是為保護其他同志的大勇之外，應該重新檢視台灣社會已經從敵我兩極逐漸轉化多方包容的新趨勢。雖然距離烈士們念茲在茲的「只要台灣還沒獨立建國，就是我輩青年人的見羞」，還有很大的距離，但確實已經創造比較可以和平，儘管不算完全理性，起碼可以相互討論的新境界。

新文化驅使政治民主往前走，民主政治重要象徵的「轉型正義」也能在不斷爭議中正式成立促進會。《泰源風雲》從頭一次要出版前，李教授再三叮嚀「切忌不要因此讓警總擴大搜捕」，到今天獲文化部景美園區博物館補助三分之二出版費，眞的不可同日而語。再比之於新版付梓前敦請劉重義教授惠予寫序推薦，承蒙劉教授惠允之外，並提示很多非常有用的意見。兩位教授的協助，爲本書增加無限美點。

所以新版能夠順利與大家見面，受到人權博物館的大力補助之外，兩位教授的幫忙，辦公室李鏡良先生、王淑卿小姐重新整理書稿，李先生協助整編和製圖，張興旺先生給予行政上的協助，特向上述諸位先進致上無限感謝之意，還要特別向前衛出版社林社長以及同仁們致謝。

泰源五烈士 20 週年追祭（1990 年 5 月 30 日於義光教會）

第一章

◆

泰源監獄革命事件

從一九六五到七〇年，全世界共有三十個國家發生過三十九次的革命紀錄。而本書所要記述的台東泰源監獄「台灣獨立革命事件」，則是一九四九年國民黨退據台灣以來，絕無僅有的一次本土革命事件。此一事件至今未有任何文字記載，但一百多位血性青年的英勇事蹟，將不會永遠被埋沒。

泰源監獄是國民黨政權禁錮政治犯的大本營，關有將近五百名被國民黨假借各種名義逮捕下獄的政治犯。其中一部分政治犯聯合了駐紮該地執行警衛任務的台籍士官兵，以及台東縣東河鄉的山地知識青年，共同向暴政宣戰。

事件發生於一九七〇年二月八日。中午十一點半，泰源監獄的六位外役政治犯，按照革命計劃佔領了監獄圍牆上的碉堡。執行過程中，他們用刀子捅進了衛兵司令的心窩，準備將之一刀斃命，孰料，因為沒有經驗，被連捅三刀的衛兵班長居然未斷氣，他的慘叫聲使平靜的泰源監獄掀起了一陣淘天巨浪。

先是圍牆外一片的混亂和吵雜，吵鬧聲逐漸移向監獄大門口之後，忽然又傳來一聲子彈劃空的槍聲。押房內的政治犯都爬到鐵欄杆上想要看個究竟，但什麼都看不到，吵雜的聲音漸漸消失了。

不久，監獄官急促吹哨清點押房人數，並把所有公差和外役全部關回籠內。泰源監獄一下子又歸於不安的死寂。

這種「絕對的寂靜」只持續三天，第四天起，又有了每天十五分鐘的放封時間。於是，有關事件之概況，就經由在大伙房擔任伙食委員的林達三同學❶，利用送飯菜的機會偷偷傳佈。他說，這是台獨份子聯合警衛連與當地青年所策動的監獄革命，事件由外役發起，十一點半，利用換衛兵時間開始行動，初步還算順利，但到了佔領碉堡時，衛兵班長吼叫衛兵換人沒有事先請准，要回去報告，使鄭金河等人不得不對他先下手，因而使整個計劃行動提前一個鐘頭洩露。

衛兵班長「暴動！殺人」的聲音一喊，整個監獄騷動起來，二、三十個警衛連士兵馬上衝過來，他們都便衣打扮，顯然剛用過午餐，因爲事出突然，一時之間只有面面相覷。

鄭金河等人要求警衛連弟兄立刻行動！但對方說，監獄的安全防衛系統應已發動，恐怕難有勝算。不過，大夥還是相偕往監獄大門走去。

大門口轉角原本開著的一道小門已經關閉，兩個衛兵並未阻擾，旁邊還站著兩位外役牢友，手裡提著水桶準備接應。

大門打不開，而負責監獄安全防衛的戒護科辦公室就設在大門內，要突破監方的防備益形困難了，警衛連弟兄有人開始動搖。鄭金河當機立斷，接過衛兵的槍，裝填上原先預藏的子彈，向空中開了一槍，第二槍瞄準小門的鑰匙孔，希望一槍把門打開，然而子彈卻打不出去❷。幾十個人站在大門口拿不定什麼主意，這時警衛連輔導長與鄭金河等人緊急磋商，勸鄭等人趕快逃走，於是鄭金河等六人，攜帶兩枝長槍和一把手槍，展開了八到十五天的逃亡生涯。

參與此次事件的總人數，估計在一百二十位左右，其中警衛連弟兄大約三十人。事件中，監獄安全防衛由警備總部直接接管，副總司令劉玉章甚且親自坐鎮指揮。原警衛連迅被調往高樹基地後，全連放假回家接受個別搜查偵訊。警衛連到底有多少人被處極刑，不得而知，還有更多人被判無期徒刑和十年以上有期徒刑。警衛連士兵賴在，當時人不在營房，當然未參與實際行動，卻仍因此案被判處終身監禁，於十五年後獲減刑出獄。

此事件第一階段的主角：鄭金河、陳良、謝東榮，江炳興、詹天增和鄭正成六位，前五人於同一天被處決，成爲繼二二八事件之後，台灣第一個以實際行動反抗國民黨而集體處決的案例。餘下鄭正成一位，判刑十五年六個月，是唯一虎口餘生的當事人。

除上述被處決的五人之外，還有兩位烈士因間接參與而犧牲了性命。一位是彰化員林的陳光雲，另一位是嘉義山胞達哥爾❸。

❶在泰源，獄方強迫受刑人互稱同學。

❷事後分析，可能是槍太老舊，先前打出的第一槍已使槍管發熱而膛塞。

❸達哥爾在事件前就已潛回家鄉，希望預先準備配合人手，但因回家後發現愛人被奪，憤而離家。逃亡一段時間後被補遇害。

第二章

泰源監獄素描

第一節 從高沙、高原到泰源

泰源位於台東縣東河鄉的北源村內（參看泰源監獄形勢圖），是中央山脈東麓的阿美族部落區域，據說原來是日治時代一位姓高原的日本人開墾種植咖啡的小山丘，當時山胞稱它爲咖啡園，第二次世界大戰日本戰敗，高原返日後，交由園丁繼續耕種，但未辦理過戶移轉手續，因此被來台的山西人查出此地是未被接收的日產而窃佔，並改名爲泰源。後來高價賣給國防部蓋監獄，稱爲泰源監獄。

至於國民黨爲什麼把政治犯集中到泰源，政治犯之間有如下的傳言：

一九六〇年代，中共已經發展出一支具有相當規模的潛艇部隊，即所謂的仿蘇俄W級潛艇，曾經出沒在台灣東海岸的太平洋上，國民黨忐忑不安，深怕中共潛艇到綠島（火燒島）搶監獄，不得不將政治犯的集中營從綠島疏散到東台灣的山窪裡來。國民黨說搬就搬，既快又狠，毫不猶豫。泰源政治犯感訓監獄因此應運而誕生。首任監獄長沈至忱，原本是包啓黃時代的台北軍人監獄副典獄長，值得慶幸的是，包啓黃的毛病被帶到泰源來的並不多。

關於包啓黃，他是一九五〇年代末期蔣介石政權的國防部軍法局長，雖然只是個中將，

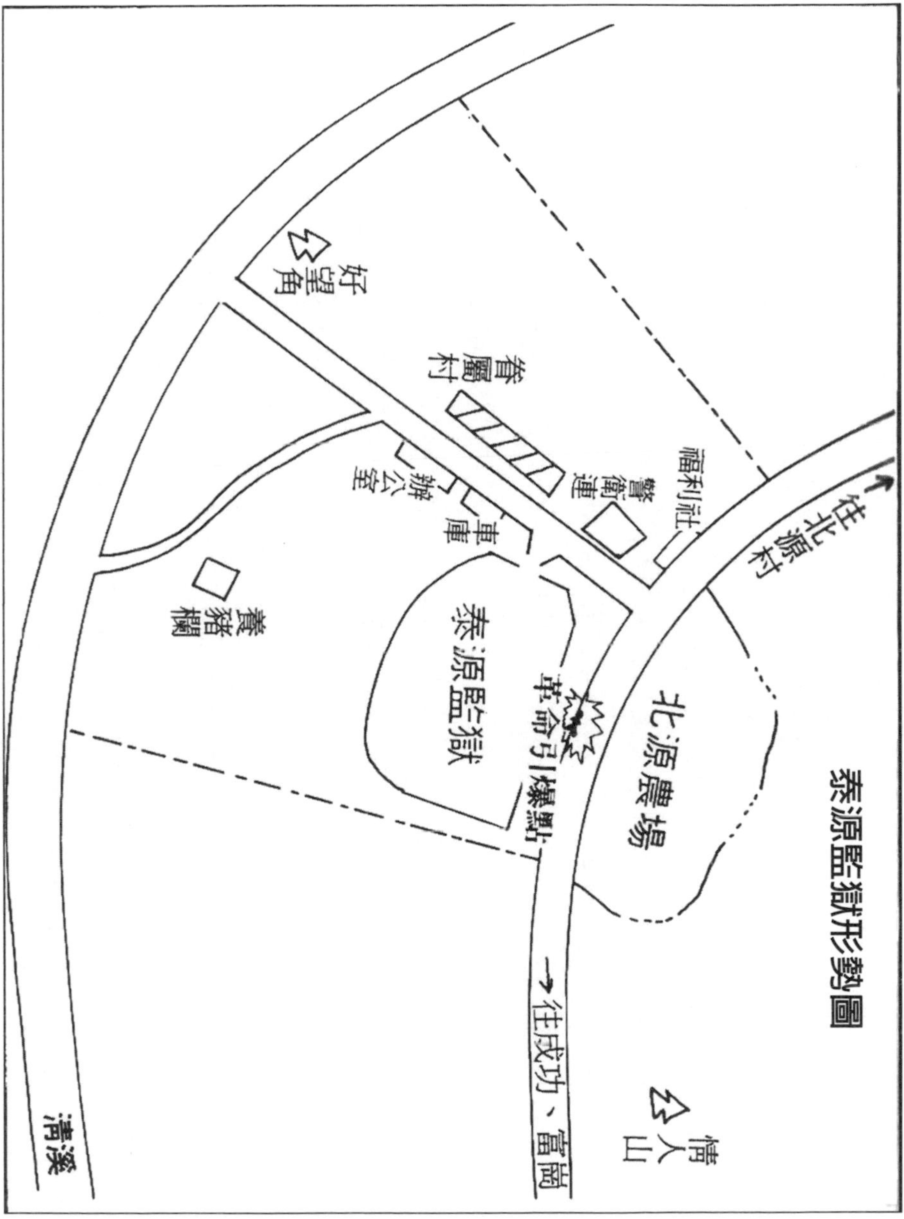
泰源監獄形勢圖
北源農場
泰源監獄
革命引爆點
往北源村
往成功、富岡
情人山
清溪
好望角
眷屬村
警衛連
福利社
辦公室
車庫
養豬欄

權限卻超過六十萬大軍所能及的範圍，尤其軍人監獄的政治犯、警備總部台北和尚廟、安坑看守所和軍法局直屬看守所（青島東路二號）等，都脫離不了他的權力範圍，令人談之色變。

包某無法無天的惡跡，罄竹難書，以下事例可資證明：

其一，包某曾經非禮一位匪諜嫌犯的妻女。他首先謊稱願意設法爲其脫罪而誘姦其妻，後來更進一步連他的女兒也硬拉上床，事後，卻把他加上莫須有的罪名槍斃掉。母女倆得知此事，輾轉把她們與包某床第間的錄音帶交到監察院長于右任手中，經于老指點，她們在中山北路跪接蔣介石座車，面陳此事。雖然包某列身宋美齡的乾兒子之林，但因罪證確鑿，第一夫人也不得不同意將包某就地正法。

其二，包某在軍人監獄所遺下的惡政，就是規定在監受刑人三餐時間在早上九點半到下午三點半之內，但下午三點半到第二天早上九點半長達十八個鐘頭，沒有東西可吃。所謂「空肚久久！三頓相堵」，弄得幾乎所有在軍人監獄待過的政治犯受刑人普遍都患有胃病。據說如此做法，乃是爲了節省糧食。因爲，六個鐘頭內吃三餐，假如一個人一頓少吃一口飯，二千人的軍人監獄，一天可以節省約兩百公斤大米。

此外，軍人監獄有所謂的「外役辦法」，這乃是獄政管理單位「靠山吃山，靠海吃海」

的方式之一，他們的手段包括利用受刑人開福利社、小吃部、修車廠、洗衣部和工程隊等等名堂，一方面可以替監獄省下飯錢（因爲開飯時間訂在早上九點半和下午三點半，但外役受刑人早上七點上工，下午五點收工，大部分外役不得不自行解決吃飯問題），一方面藉外役的勞動力，又爲監獄賺取不少外快。

由於外役多少減去了一些受刑被關的感覺，全天二十四小時像沙丁魚似地擠在押房內的一般受刑人，自然有不少人要極力爭取外役工作。然而，也有狀況出現，例如有些受刑人會被戒護班長趁此機會帶到他們的親友家去拿錢，當然也有人利用這種機會脫逃，讓帶他的班長吃上官司；但極大多數的人，都是拿錢來當散財童子，從班長到監獄長，有直接關係的人通通都在賄賂之列。

除此之外，也有不少「暫時關在牢裡休息」的大扒手慣犯會在這種名目下被班長「帶出場」，據說傍晚時帶這些扒竊高手到電影院門前轉一圈，班長可能分得的油水就有一個月的薪水那麼多。報上經常報導押解人犯逃跑，很多案例都是在這種情形下發生的。

與之相比，泰源監獄全部是政治犯，程度上自然與軍監不同。但所謂「靠山吃山、靠犯人吃犯人」的心理，終國民黨政權，如果能不再遺傳下去，台灣的獄政就算有救了。

泰源監獄屬於思想感訓監獄，所以主要以政戰室爲核心，負責審核所有書報雜誌、書籍，和書信，並且訂定感訓教材和上課時數。與之平行的，是負責戒護的行政科，另外一個則是爲監獄生財的生產科，包括橘子園、喬木隊、農耕隊、養豬欄、工程隊、菜圃等。其他還有較小的單位，包括通訊室、醫務室、保防室。這些都是監獄的建制範圍。（參看泰源監獄建制表）

泰源監獄從辦公廳、教誨室、押房到眷屬宿舍都是平房。監房分仁、義兩監，一前一後，佔地各約一百四十坪，兩棟同一格局，都分成十三個大房間，一間洗澡堂，還有八間獨居房，入口處設有看守長與副看守長兩個臥房兼辦公室，處理押房內的一些瑣碎事務。（參看泰源監獄平面圖）

義監位於仁監的後棟，地勢較低，距離中門和大門都遠，難怪一些大案子的主犯（案頭）都關到後面來，包括蘇東啓、施明德、柯旗化等都在義監。仁監和義監管理方式也稍有不同，大體上仁監管理較嚴格，但是調外役的機會也比較多，而義監受刑人被認爲問題比較大，但要求反而不那麼嚴。

有一件事可以拿來做參考。蘇東啓（見圖）抵泰源的時候，正值他的朋友黃順興在台東當縣長，黃曾經親自到監獄要與蘇東啓面會，雖然沒見到面（因爲政治犯規定要三等親以內才能見面），仍然送了一條韓國毯子給他禦寒。監獄長沈至忱因此特地跑到國防部報告，說

泰源監獄建制表

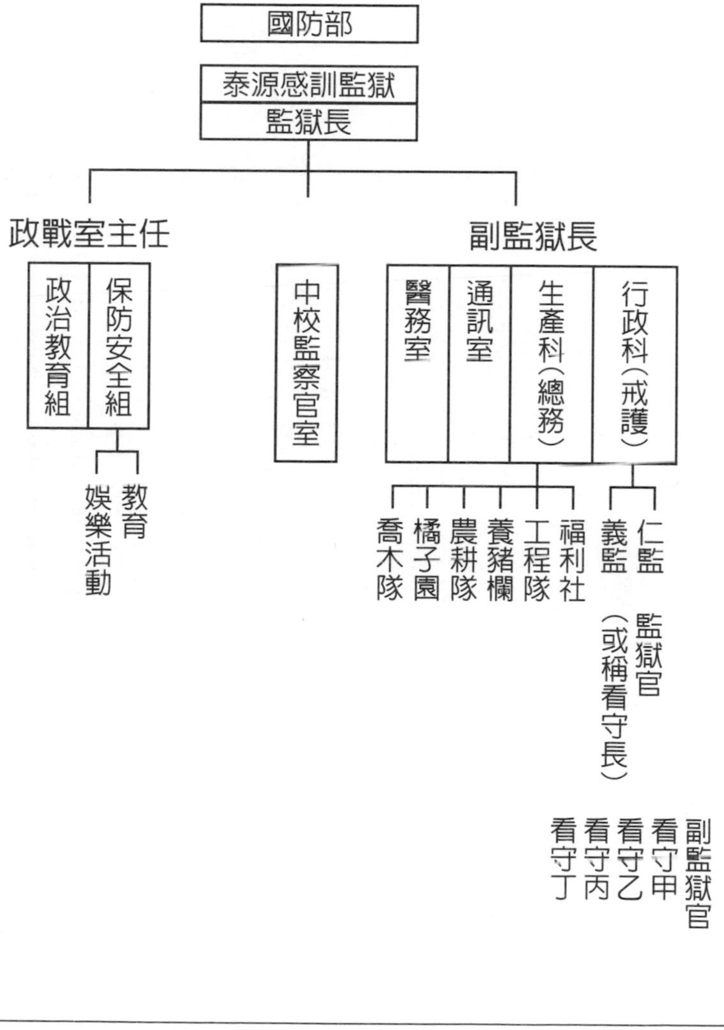
國防部
泰源感訓監獄
監獄長
政戰室主任
副監獄長
政治教育組
保防安全組
教育
娛樂活動
中校監察官室
醫務室
通訊室
生產科（總務）
行政科（戒護）
喬木隊
橘子園
農耕隊
養豬欄
工程隊
福利社
義監
仁監
監獄官
（或稱看守長）
副監獄官
看守甲
看守乙
看守丙
看守丁

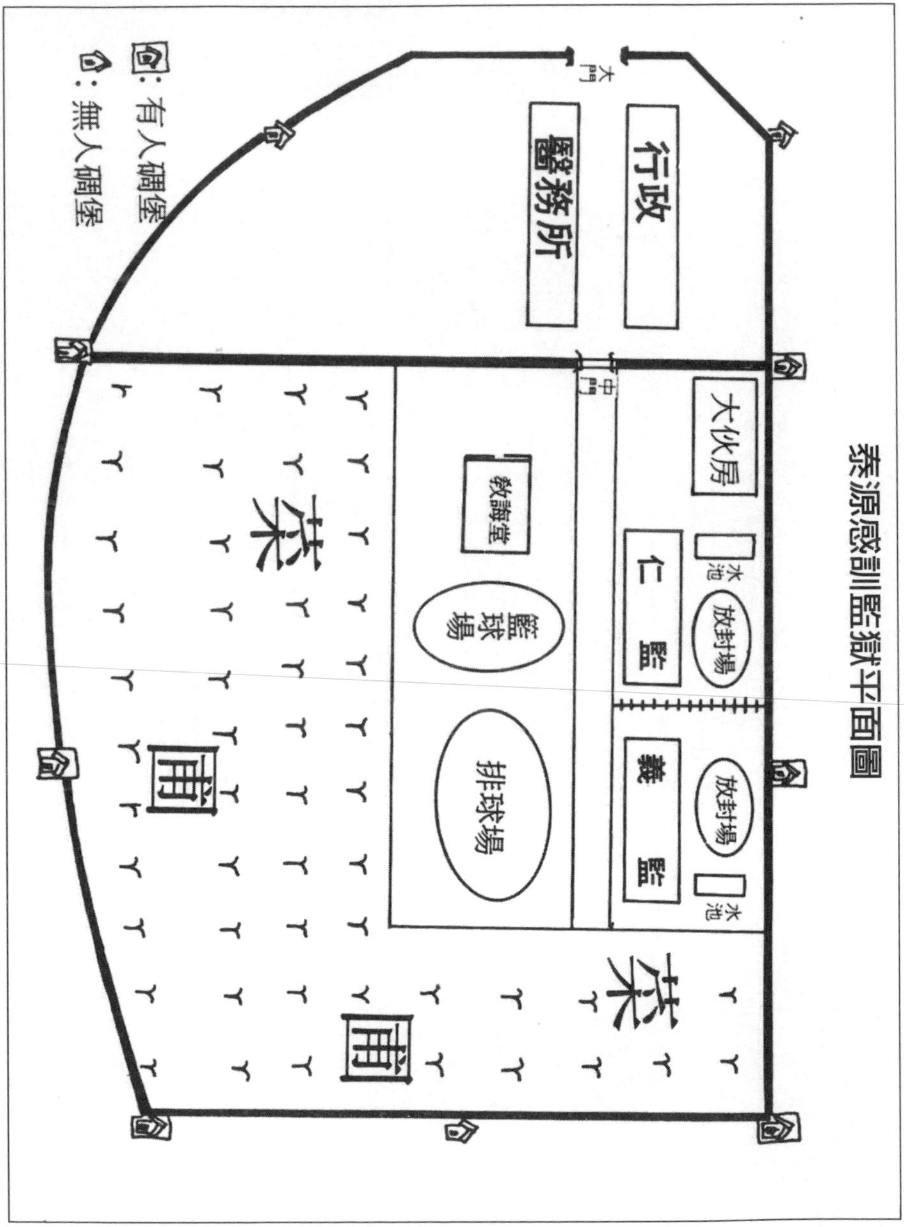
泰源感訓監獄平面圖
大門
行政
醫務所
中門
大伙房
教誨堂
水池
仁監
放封場
籃球場
義監
放封場
排球場
水池
菜圃
菜圃
有人碉堡
無人碉堡

（左起）蘇東啓、詹益仁、陳庚辛

黃縣長手中掌握上千名武裝警察，而泰源監獄卻只有一百多警衛連士兵，他沒有辦法負責監獄的安全。

蘇東啓在泰源只待二個月，就是這個原因，並非外傳因病需要治療而轉到台北監獄。就在蘇離開泰源一個禮拜以後，蘇案的第二號人物張茂鐘便從仁監轉到義監來，證明了義監的政治意味較濃。並且義監還把第一房改裝過，在所有牆壁上加鋪一層保麗龍，並設沐浴設備，還分內外兩隔間，據說是爲雷震特別設計的，但他一直沒到過泰源，所以該房也一直空置著，到一九六五年，由於綠島新生訓導處大批送人，使泰源人滿爲患，才打開做為押房外役的房間。

泰源監獄十年滄桑過程中，此一時段人丁最盛，七坪半的房間，常住到二十個、甚至二十三個大男人，吃、喝、拉、撒、睡都在這裡。房間裡有個抽水馬桶，一個洗臉、刷牙和洗碗盆的水池，兩邊還要留出放碗盤、牙缸、藥罐、鞋箱和換洗衣服的地方。而最難處理的是，每一個人都幾乎少不了一隻用牛皮紙、甘蔗板和漿糊做的箱子，要使其不佔太多空間，的確很費腦筋，偏偏這又是囚犯所不能或缺的恩物，因為每個人免不了放兩、三本書、稿紙、信封信紙、郵票、原子筆之類，有的還有圍棋、象棋等，甚至衛生紙、針、線、鈕扣、眼鏡等。

扣除這些，每個人晚上睡覺的地方只有大約三十公分寬、一百八十公分長的位置，有人說晚上起來小便回來後，就找不到自己的位置了，實在並不過份，因為只要兩邊的人翻個身，三十公分寬的席位馬上就被佔去了。這麼高的人口密度，泰源監獄應是世界首屈一指。

就在這個時候，於一九六二年起就一直擔任監獄長的沈至忱感覺到，如果不設法疏散，會讓囚犯們在押房裡悶死，即使國民黨政權不必理會國內外批評他們虐待政治犯，但他一個小小監獄長，恐怕也吃不完兜著走。

沈某出身軍統局，來台以後側身特務系統，在和尚廟（即東本願寺警總看守所，也是蔣介石的恐怖地獄之一）時期或安坑副監獄長時代，仍然是殺人不眨眼的人物，但晚年皈依基督，據說改變不少，眼看此種情況，就到台北各有關部門爲囚犯請命，希望能把即將到期（三年之內）的囚犯送板橋仁教所，中期（三到五年）的可以到監房外，以勞動服務來替代監獄生產，也給囚犯有出外活動筋骨的機會。

於是，獄方爲了疏散急速增加的台獨叛亂犯，不斷大量擴充外役人數，到一九六九年底，已經多達一百四、五十人。從生產科、工程隊、行政科、政戰室、醫務所，到福利社、洗衣部、小吃部、修車廠、抽水站，無所不有。其中以農耕隊與橘子園最多，各有四十人左右。圍牆內又有大伙房、菜圃，仁、義兩監處理清潔、伙食，和晒衣理髮外役共約五、六十人。特別要指明的是，唯有圍牆外的外役才有資格在上述十三公頃的大範圍活動，原則上是刑期較短的受刑人才有此機會。圍牆內的外役，主要活動範圍在押房周圍，即使仁義兩監也不能隨便往來，不但處處有管理人員監視，受刑人打小報告向來也是國民黨特工資料搜集的一個主要來源。

豬欄的外役，原僅限於在豬欄和地瓜園活動而已，但是在主管官員個人或公家的需要上，他會交待外役朋友，殺豬時送兩斤豬肉到他家裡去，輪到他當伙委時，也會要外役去老百姓村子裡買豬。

尤其工程隊外役，先是被調去修理監房和眷村道路，他們之中，從陸軍兵工中校隊長到營造廠的老闆都有，更不必說泥水匠、木匠和電匠了，他們不但專業，而且做事勤快，沒有任何要求，因此活動範圍慢慢從眷村到外頭，深入到監獄官住的北源、東河，或成功的女朋友、小舅子、或情婦的家裡去。

盡管能夠當外役的，都經過管理人員精挑細選，但卻是使泰源監獄興，也是使泰源監獄垮的要件之一。本書主角鄭金河、陳良、江炳興等人都曾經在上述各處工作過，革命的奠基工作也於此形成。

台東縣東河鄉鄉民普遍都對泰源監獄外役政治犯具有同情和好評，有些外役政治犯甚至成了山胞朋友訴苦、求助、解決病痛的良師益友。

其中修車廠和醫務所的朋友們貢獻極大。前者經常義務幫忙，解決他們的難題，包括開車搬運教會集會用具，或解決交通和集會難題。後者更長久成爲官兵和村民最主要的保健站和醫務顧問。據了解，政治犯張醫師甚至還供應某些國防部和獄內高級軍官強化性機能的特效秘方。這些都成了監獄革命者可資利用的養分。尤其是警衛連，上述這些有利條件，對於年輕的警衛連官兵的直接作用雖不是很大，但間接鬆懈了監獄管理方面對於囚犯與警衛連台灣兵接觸的戒心，也提供了不少可以利用的機會。

這些事例擺在今天台灣社會，可能有人會搖頭嘆息，認爲是憨直的台灣人的本質，或許也有人認爲他們是註定要被現代社會淘汰的一群，說不定更有人會對之冷笑，但不管你怎麼認爲，這就是他們幾世紀以來的傳統，愛台灣、愛所有台灣的人和事，他們使飽受外來者欺凌的山胞、正受統治者壓迫的警衛連官兵，都能了解到台灣人眞正善良美麗的一面，而這一點，最能喚醒原本潛存於警衛連弟兄內心深處的台灣人意識，成爲雙方結合最好的接著劑。

第二節　義監第七房

除了前節所述因為刑期較短、或有特殊關係的政治犯得以轉服外役之外，被留在泰源監獄押房裡的，如果不是老弱殘兵，便是刑期較長的政治犯。照理說，他們都應該有一段轟轟烈烈的過去才對（否則就不應該判太長的刑期），但是可憐得很，大多數政治犯都是被子虛烏有的罪名所羅織。

一九七〇年當時，仁義兩監各有十三個牢房，每房大致十二到十四人不等，義監第七房正好在中間，我們就拿該房十二位「在押刑犯」做例子，看看這些「長期重犯」到底犯了什麼天條大罪？

按照年齡看，陳宣耿年齡冠全房。三〇年代他在故鄉廈門大學時參加學校的讀書會，來台後被檢舉參加過共產黨的外圍組織，在省政府交通處委員任內被捕，判刑十五年。

袁錦濤年齡居次（參見照片）。袁先生是廣東人，香港大學畢業後先後擔任中央通訊社記者，駐香港、台灣特派員。蔣介石政府遷台以後，曾以合眾國際社記者身份來台採訪，被禁止出境，後來擔任過美聯社及法新社駐台北特派員。在最後一項工作期間，曾經報導兩

因報導蘇東啓案而入獄的袁錦濤先生攝於舊金山

項重要新聞——即台灣發生蘇東啓等叛亂案，導致八十個人下獄，及某永字號軍艦械鬥事件，終被以「洩露機密」及叛亂罪判處十五年徒刑。提供資料的艦長則判處七年徒刑。

再來應該是宗元魁中校。宗先生曾任國民黨警備總部中校檢察官，及屏東安全室主任等職，爲何被捕，案情不詳，聽說是被整肅之故，但未得到他本人證實，刑期十二年。

洪德龍是高雄人，於四〇年代那段飛揚的年代裡參加台灣民主同盟，該同盟原本只是以促進台灣政治民主爲目的，但是對希望維持獨裁的統治者已經構成威脅，難怪很多該組織的成員都被判重刑，洪先生也是無期徒刑，到一九七〇年已經坐牢十八年。

劉松昆是東北人，鳳山陸軍官校廿三期畢業，被捕案情不詳，惟知其爲第七房坐牢時間最長的一位，被判終身監禁。

吳定遠是四川人，十萬青年十萬軍原本準備遠征緬甸的最後一批自願軍，因停戰而作罷，來台後進台灣大學電機系，與席長安及施啓揚同謀主張「三民主義再革命」，爲了籌募革命基金，持假手槍搶當鋪，被老闆大吼一聲，落荒而逃。被捕後判刑十四年。他在第七房時曾經發表「吳定遠定理」（方陣數學）等，而與師大數學研究所所長費海機長期筆戰，出獄後曾任台灣製鋼廠廠長。

另外一位載家興是憲兵上士，因不滿軍中生活，逃亡到宜蘭山中開墾種地，罵及當朝權貴而被以叛亂罪論處，在第七房時，正巧他的老同事到義監擔任副看守長（憲兵士官長），載君嘴巴甚嚴，從他那裡洩露出來的官方消息並不多，同房難友多人將他視爲被安排進房的特務。

以上是年齡在卅一歲以上的第七房的難友，其中只有一位是台灣籍，並且他們很少是眞正獻身台灣獨立的案件，一方面是早期政治風氣尚未發展起來，另一方面也是司法單位硬要把各種政治案件「染」成「紅」色或「粉紅」色的關係，好向盟國強調紅色的恐怖和他們反共的決心，以利國民黨政權在東西兩大陣營中爭取生存空間。

可是到了一九六〇年以後，這種情況就完全改觀了，第七房另外五位三十歲以下（包含三十歲）的難友全都是台灣人，其中只有一位傾向於中國統一的理想，其餘四位起碼有兩個半都強烈主張只有台灣獨立才能有活路。

其中之一是黃聰明。他是嘉義縣六腳鄉人（曾住過朴子），與自稱「最早宣稱台灣應該獨立」的黃紀男前輩同案。

高金郎是雲林口湖鄉人，在海軍澧江軍艦服役時，被控與邱萬來、林明永、謝發忠、王料安等五人意圖劫船，投奔當時在東京組織台灣流亡政府的廖文毅台灣共和國。不論是軍法官所稱的「密謀叛亂會議」，或軍法審判庭上，他都不曾說過話，但法官以「被告雖然沒有表示贊成叛艦行動，也未提反對意見，加之事後沒有告密，應以默許認定，勘以從犯論處」，被判無期徒刑，後改判有期徒刑十五年。

另外一位施明德，陸軍後補軍官班砲兵學校畢業，任職金門某砲兵觀測所時被控組織「東北亞大同盟」，希望台灣、日本和韓國成立東北亞同盟國，涉案者共有二十多人，包括劉金獅、蔡財源、陳三興兄弟。其中施家三兄弟同時關在泰源。

最後兩位分別是台中縣的林華洲和高雄市的陳泰雄，都是一九六九年才從台北轉送來

（左）高金郎（右）施明德

此的「新人」。林君與名作家陳永善（映真）同案，政治立場傾向與中國統一。林案層面極為廣泛，據說曾有某國駐台北外交官牽涉在內，也有為數不少的大學在校生，但卻有一位「蔣將軍」的小舅子名叫丘延亮的台大學生也參與其中，辦案單位為使「小舅子」能夠開脫，全案「水降船低」，都只判處十年以下，林君獲判七年。坐牢也有幸與不幸，於此可知。

林君與大伙房伙食委員林達三及在義監管藥的外役高鈺鐺醫師政治理念相近，傳遞信息的效率頗高，很多傳言都從他口中傳到房間來。陳泰雄則因相處時間不長，對他了解不多。

詳述第七房十二位政治犯的情形，因爲它是義監十三個房間中最中間的一個，也可以說是泰源監獄仁義兩監廿六個房間中的代表。其他各房，人數上會有一、兩位之差，坐牢時間也各長短不同，如六二年最早由綠島遷來的一批，大多是無期徒刑，有的甚至已長達二十年以上。

總而言之，泰源監獄開業以來，先把綠島新生訓練營的長期犯人集中來此，接著是台北軍人監獄，然後是新店及各軍種看守所的政治犯，都到此集大成。有一九四七年「二二八事變」的涉案者，也有五二四劉自然事件的代表，在籍受刑人從大學教授到販夫走卒，無所不包。

第三節　沒有女人的世界

據一些記者朋友談及，他們曾有機會陪同外國訪賓參觀監獄，但接待單位再三告誡隨行的女記者，要她們打消進入監獄去探視「沒有女人的世界」的念頭。他們說，關在裡邊的都是一、二十年沒有看過女人的「大壞蛋」。有句話說：當兵三年，老母豬賽貂蟬，如果像妳們這樣嬌滴滴的小姐進了鐵門，被他們衝出來拉一個進去，要想再活著回來，恐怕就很難了。

不能有正常的性生活給牢友帶來困擾，這是一個事實。泰源十年間唯一的一次，范、褚、席三個人在放封場上打群架，並用竹竿刺穿了毫不相干的局外人林坤鐘的嘴頰，據說就是因爲爭著「照顧」一位沈姓年輕人所演出的鐵公鷄。

然而如果硬說他們會不顧一切去招惹女孩子，則萬萬不可能。一九六九年二月初一，也就是農曆正月初一，馬監獄長大清早就帶著他的大小姐到押房去給同學們拜年，她怯生生地跟在父親背後，走完仁義兩監廿六個房間，並沒有發生任何大問題。

監獄長父女每到一個房間門口都說：「各位過年好。」因爲是年初一，又逢監獄長來拜年，門都打開著，受刑人被國民黨政府當囚犯是一回事，但監獄長來拜年，總也有人回他一句「監獄長好」。可是卻也有不少人別過頭去，或做出「吐痰」等其他不屑動作。尤其義監第八房一位徐鴻翰難友，就當面回他：「好？你不會坐進來看看！」使監獄長回頭向他女兒說聲「神經病」，但還是走完全程。

聽說馬小姐是因當年參加大學聯考考得不怎麼理想，才到風景優美的泰源來渡假。國民黨唬人確實有一套，其實泰源監獄開張以來，起碼有兩次大型晚會是受刑人和官兵眷屬一齊在操場上欣賞，一次是東河鄉民眾服務社主辦，另一次則是北源村洋裁班負全責。兩次晚會相隔約一年，雖然不是頂出色，但令人記憶深刻。

節目載歌載舞，也有短劇和樂器表演等，有一位女歌手唱了一首「畫眉鳥」，整首歌詞描述一隻被豢養在鳥籠裡的鳥兒，無法飛出籠子的悲哀。原意或有借此諷刺被豢養的女人的無奈和幽怨，但聽在坐牢的政治犯耳中，難免有另一番感受，這可能是監獄管理方面想像不到的事。

泰源監獄的受刑人很多是從綠島轉過來的，那邊的新生訓導處採半開放式，性的壓抑和困擾也就不是太大的問題。這與泰源有所不同。

泰源監獄佔地十多公頃，但嚴格講起來，就是被四周高牆和鐵門所圍著的兩公頃多一點的地方（參看監獄形勢圖）。絕大多數的受刑人在泰源十年，足跡沒有離開過監房和放封場，甚至見到菜圃或蕃茄西瓜的機會都很少。只有極少數的特例能到台東看病或住院。但是不是可以利用機會解決特殊需要，就看各自的能耐了。

據說監獄管理方面對此也下了很多功夫，有一段時期，平均大約十天到半個月就有一次電影欣賞晚會，兩監受刑人可以同時分兩邊坐在操場上觀看。儘管片子都是老掉牙的國防部巡迴放映的影片，卻是唯一可以吸收外界氣息的管道。電影放映中，保防官會因「安全理由」，把一些女性穿得比較少的畫面擋起來，最嚴重的情況，曾經一部片子擋了九次，共約四十分鐘之久，使劇情變得支離破碎。每當鏡頭被擋的時候，聚精會神的觀眾席上就會出現一些騷動，有人伸懶腰，有人因不習慣久坐地板而站起來，如果有朋友在另外一邊監房，不方便接觸，也會利用這時候換個位置好好聊一下。

曾經有人把諸如此類的事情向政戰部主任或負責感訓教育的朱中校反映，說這麼做容易引起看電影的受刑人不滿，但是終泰源十年間，並不曾有顯著的改善。原因是管理方面認為，如果給受刑人任何性的幻想，將引發更嚴重的後果。

還有一說是，監獄管理部門在請領米糧時，建議糧政當局特別摻雜女性賀爾蒙等「倒陽」物品。它是眞是假，有待主事者的答案，若果眞如此，也可以證明有關方面設想之周到和防範之嚴密。

但是這樣就能完全免除受刑人性的困擾嗎？我想也沒有人敢奢望。因爲像這樣集合幾百個精壯男人的地方，各人的環境、成長背景及稟賦均有異，要求其反應一致，或不異常，並不容易。在泰源，最常見的現象就是精神不穩定，包括打人、自殺、亂吵、歇斯底里、自言自語，比較嚴重的就被送到玉里精神病院去做電療術了。

根據弗洛伊德的「性與潛意識」的觀念，這些現象都可以歸因於性的壓抑。按照實際的了解，可以說精神異常者絕大多數在未坐牢以前都曾經有過「愛的滋潤」。有　位三十多歲才入獄的牢友，曾經很激動地告訴他的朋友，他看到屋頂上的鴿子在交配就會引起性衝動。另據說有牢友出獄時，坐在遊覽車後座，看到前面情侶肆無忌憚的愛撫，竟使內褲和西裝都弄濕了。

也有所謂「小屁股」等人，「她」們是來自綠島的「玻璃隊友」！到泰源以後還分別與不同的「愛人」偷偷摸摸搞「同性戀」。「小屁股」其人姓沈，據說是浙江人，細皮嫩肉，屬於白面書生型。前文所述的第七房，一度是綠島新生訓練營轉移過來的大本營，對於「玻璃圈」風流艷事的談論特別多，有人目睹「小屁股」與一位黃姓難友演出類似舊金山PORT STREST男與男相愛的鏡頭，也有人爲「愛人」而爭風吃醋。

第四節　政治犯的戀歌

北源村的阿菊仔是東河鄉眾多美女當中的一位，雖然沒有選美會給她打分數，但她確有特別可愛之處，不少泰源監獄官兵爭相追求她，但她卻對阿良情有獨鍾，譜出台灣四十年政治犯滄桑史中，繼曾國英與綠島小姐蘇素霞的生死戀之後，另一支膾炙人口的戀曲。由此，我們也發現，台灣人挺身對抗入侵者的過程，都將獲得預想不到的支持，而更令人讚嘆的是，青年男女無論如何與外來者虛與委蛇，都不妨礙相互的關愛與保護，以求最後的勝利。這樣赤誠的同胞愛更令人激賞。下面兩對情人的戀愛史，可以爲我們做見證！

早期的政治犯集中在綠島「新生」訓導處，因爲採取半開放式的管理辦法，讓他們有機會與外界接觸。據說，思想新潮、風度翩翩的政治犯同志，在開發比較落後的綠島社會發生了一些激發作用，加上蒞臨島上探視政治犯的家屬所帶來的遠比此地優渥的生活實景，讓綠島青年的心中產生了一些憧憬。「政治犯貴族」（美國聯邦眾議員李奇語）被綠島小朋友當做心目中敬仰的英雄。在這種情形下，對外來事物具有特別適應力和好奇心的少女們，與「新生」暗通款曲，便是極爲稀鬆平常的事了。如政治犯曾國英與綠島蘇素霞小姐刻骨銘心

（左）吳鐘靈（右）曾國英

的生死戀，至今仍然在綠島民間和政治犯中傳誦。

情之爲用，大矣哉，可以使懦弱者堅強，更可以使喪志者新生，但最令人稱頌的，莫過於海可枯石可爛、此情不可渝的清純與貞潔。曾國英這一對，不愧是個模範。

曾國英在屏東萬巒鄉長大，台南高工（成大前身）高材生，畢業後入伍海軍，曾於六〇年中赴美接收援台艦艇，途經東京與廖文毅等台獨人士有接觸，並攜回台灣共和國大統領廖文毅的告台灣同胞書。事爲閱讀者所洩露，與同伴許昭榮、張幹男等被捕入獄，判刑十年。

曾國英瘦高身材（參看照片），瀟灑倜儻，吹得一手好喇叭，是新生訓導處康樂團的要角之一，隨著該團四處宣慰島民，聽他一首綠島小夜曲的獨奏之後，不少男女青年都希望能跟這位綠島的喇叭聖手交朋友。

蘇素霞活潑、漂亮又大方，因爲曾接受比同輩青年更高的教育，又有一位頗得人望的鄉長叔叔，使她的芳名響遍綠島鄉；更因爲常常參與醫療服務與勞軍活動，她的芳蹤不時出現在新生訓導處官兵和受刑人所到之處。

這樣一位小姐，可以想像得出在一大堆渴想求偶的綠島軍官群中，必有不少愛慕、追求、和獻殷勤的眼光在追隨，企盼能夠與她親近和交往。

阿霞生性固執，所幸外圓內方，對於週遭的一切都保持一定的距離，對於追求的眼光也都能友善的對待。但可能也就是這一招錯，所以滿盤皆輸，造成往後無可彌補的情天大恨。她被一位追求者抓到與曾國英戀愛的證據，恐嚇她非下嫁給他不可。

據指出，曾國英的戀情雖然一直在隱密中進行，但也難以逃脫眾多追求者的耳目（只是大多數爲捕風捉影的傳言）。直到一九六四年國防部要把新生訓導處人犯全部送到台東泰源監獄前夕，突然關進營房，不准外出，不得已請人代爲送信，才因此給予對方可乘之機。

據蘇小姐的姊妹述說，追求者之一的少校通訊官恐嚇她說，曾國英是匪諜，可能被處死刑，而蘇小姐與他勾結，可能罪及全家，只要答應與他結婚，保證蘇家的罪可以不究，曾國英也可以免除一死。

蘇小姐從小在綠島長大，從未碰到過這種情況，難免方寸大亂，加上親朋戚友的壓力，尤其父母叔伯可能因她而被槍斃，只好下決心犧牲自己以報父母家庭和情郎。她答應下嫁，但就在洞房花燭夜趁新郎送客之際，於台東旅舍服毒自殺。

蘇小姐殉情的事跡，不久就由台東友人傳到在泰源監獄的曾國英耳中，但是詳細情形一直等到一九六四年最後一批由綠島轉到泰源監獄來的難友口中才完全了解。據說，她死時手中還緊握著與曾國英兩人依偎在蝙蝠洞（綠島的一個小山洞）的照片。這是他倆相交幾年之間唯一的照片，蝙蝠洞也是他倆訂情、相約海誓山盟的地方。

曾國英出獄以後的第一件事，就是再回綠島去拜訪蘇鄉長。他的遺稿中有一段記載如下：「蘇鄉長說：『事情已經至此，誰也不能怪誰，只可憐阿霞這孩子太過剛烈，但你說要把她的骨灰帶回去，我想也免了，因為你也是居無定所，隨便放個什麼地方也不會比埋在這裡更安穩，我們歡迎你隨時回來看她，以後有更妥當的辦法再說。』」

陳良烈士

「綠島黃塚，埋葬多情骨，
惆年悵月，躑躅孤獨魂。」

曾國英背負人世間之至情最愛，銷魂蝕骨，出獄以後獨自啜飲愛情苦酒二十年。曾經滄海難爲水，恨天難補，他立志要把國民黨特務利用恐嚇勒索手段霸佔人妻的邪惡本質寫成書冊公諸於世，奈何病魔纏身，終於一九八九年離開曾經熱愛但卻混濁的台灣，他的遺著委任生前女友代爲整理，與讀者見面的時間應已不遠。

陳良（見圖），一九三八年出生於雲林，事件發生時正好三十歲。他身高一七八公分，是陸戰隊健兒，也是排球隊的扣球好手。爲人忠厚，更有一身廚房好手藝，據說他憑著兩隻手，五分鐘就可以把三隻大公雞從活蹦亂飛弄到清潔溜溜，連內臟也可以清洗乾淨，確實有一套。

這些特技對某些人或許只是聊勝於無，但對在福利社小吃店掌廚的阿良哥，確實罩得很。雖然是山野小店，三位大師傅竟然弄得遠近馳名，無人不知。很多老番公經常攜家帶眷，翻山越嶺，跋涉幾十里路來吃一頓。阿良、黃家文和鄭清田，三位相處甚洽，合作無間，名聞遐邇。而阿菊姊和阿良哥的一段情也於焉開始。

阿菊仔姓林（因尚未明瞭她目前的生活情況，眞實姓名暫時保留），是北源村唯一基督禮拜堂內的義工，與唯一的女執事林金玉交稱莫逆，除各自家裡的農事之外，教會工作以及結伴出遊都形影相隨，甚至上福利社也常常一道。

一九六〇年初期的東河鄉，經濟生活比較落後，泰源監獄開業之後，監獄士官兵警衛連，還有三、五百名政治犯（人數隨時變動）家屬探監等，給此地帶來繁榮的生機。當地的社會活動有一項原則，就是經濟優越的族群才是眞正的社會主導者。泰源監獄不但在平靜的東河鄉，甚至在縣治台東鎮都頗具份量。據統計，在六九年泰源監獄鼎盛時期，政治犯一個月曾得二十五萬多稿費，與之相比，貝殼畫所得的數目應該更大，而這兩項總和，大概只與家裡的接濟約略相當。

外役做的雖然是「無錢工」（按工作性質給零用錢，大伙房是九十元一個月，工程隊曾經給到一百八十元一個月，其他工作在這兩種之間），但是他們的經濟和消費能力，已經成爲山地朋友心目中的闊佬，很自然也成了那些唯利是圖的監獄管理人員的目標；同時，也成爲少數對台灣人有戒心的監獄官士追蹤監視的目標，尤其是那些受過保防訓練的傢伙！平時就已找機會立功，被派到這裡更是耀武揚威。無巧不成書，阿良和阿菊的一段情，就是在吳姓保防官的介入下秘密發展出來的。

其實，阿菊和金玉到小吃部來吃東西並沒有什麼特別，但在泰源這一帶，人工開墾過的橘子園連接著野生的芭樂樹和木瓜林，都是青年男女活動的範圍，只要走出小吃部的後門，便到處都是你的天地了，再嚴厲的管理辦法也難于杜絕。

據當時與阿良哥一齊在小吃部工作的鄭清田說，阿良哥原本對阿菊並沒有特別的想法，一則自己的身份不宜製造悲劇，再則既然經過政治犯的洗禮，男女的情愛在政治恩仇與對台灣的大愛裡根本沒有什麼份量，何況當時還有一位某長官的女兒，因爲考大學落榜到監獄來散心，由小吃部供應三餐，據說對阿良哥也頗有意思。

但是天下就有這麼不湊巧的事，阿菊的姊姊在這個時候嫁給監獄的齊監察官，齊有意促成他小姨子與吳姓保防官的好事，所以齊、吳與林家姊妹，有時還帶著教會的林金玉，幾乎每天都上小吃部。而阿菊總是用一種異樣的眼光看阿良。

這種事情，做爲阿良的同袍（陸戰隊同隊）、同案（蘇東啓案）和同事的鄭清田，看得清清楚楚，當然也瞞不了另一位刀煮師傅黃家文。兩個大師傅偷偷商量應付之道。黃也是政治犯，金門籍，多才多藝，但很「古意」，又誠懇。

據阿良說，除了在小吃部之外，他也曾在採野芭樂時見過阿菊兩次，阿菊還自動幫他採很多野芭樂給他，並邀他上家裡去玩。阿良請他們放心，他絕對不會「暈船」。

阿田旁觀者清，建議陳良明白告訴她只能跟她做普通朋友的種種苦衷，最重要的是，絕對不能在任何第三者面前表示「認識」她。一個禮拜後的中秋節前一天，阿良特地送兩打米酒到她家去拜訪。

在此必須稍加介紹的是，泰源大多數爲阿美族，每年八月十五日中秋夜是該族豐收節，盛大慶祝如過年，主要節目就是通宵喝酒、跳舞。

據說就是送酒那一次，當阿良哥與阿菊和林母在房裡談話時，外面的小朋友用山地話報稱有人來了，林母隨即起身出門，並把房門關好上鎖，僞裝買酒去了。兩個年輕人被鎖在房裡，聽到林母告訴保防官說，阿菊外出尚未回來。

自此以後，阿良隔一段時間就送點米酒到林家。在下午或晚飯後的黃昏時段，常聽到阿菊在「情人山」（監房東面的小山丘，參看形勢圖）唱出嘹亮的歌聲，那就是約阿良的訊號。鄭清田每次都叫阿良把工作放著讓他收拾，請他趕快去赴會。阿田說：與中國人的競爭，絕對不能輸，更不能讓像阿菊這樣完美的小姐去當「豬公架」。

阿良的愛情究竟發展到什麼地步？並不是本文要敘述的主題，但此次革命有幾件事情與之相關，甚至可以說是重要計劃之一環，有必要加予詳細說明。

首先，起義前曾經安排兩次「演習計劃」，第一次是新曆正月初三，重點在槍械、彈藥，與輜重車輛，第二次是農曆正月初一，也就是泰源事件的前兩天，總聯絡人交待說：十一點全體人員分批在不同地點會面！由鄭金河清點人數並請他們去喝酒。第二天回報共有十八位警衛連弟兄報到，還有八位（六大二小）山地朋友，但是最主要的核心人物陳良卻未報到。

此時鄭清田因胃病返押房休養，經由了解，陳良大清早送酒到山上就一直沒有回來，此事曾經引起朋友們的非常關切，直到第二天陳良回押房後才親自向大家說明，原來他推展的一項計劃臨時發生問題，他不得不親自趕去解決。

簡言之，這計劃就是請幾個山地朋友分別到距監獄兩旁約兩公里處搭草寮，賣橘子和西瓜給過路車輛和客人，這原是鄭金河準備逃回西部從事的工作，一方面提供些許資金，幫山地朋友做小生意，另一方面也有假手山友進行搜集資料和監視監獄的作用。而且該線路本來準備發展成爲重要工作站，因爲匆促舉事，沒有發生作用。

阿良哥的愛情最大的考驗是在出事以後，據說阿菊知道阿良一行人不可能很快走遠，一直都準備好食物和禦寒的衣服，在她們經常見面的「好望角」等待，阿良確實也曾經看到她徘徊留連的倩影，但因爲怕連累她而一直沒去和她再見面。

註：據《無法送達的遺書》記載（第二百三十六頁）：陳良與阿菊的戀情，曾在陳良生前他胞弟 陳老定到泰源面會時公開見面，並宣布婚約。筆者雖然與陳家兄弟多次交談，從來不曾談及此事。原書沒有任何披露，絕非故意隱瞞。

第三章

◆

山雨欲來風滿樓

第一節　七〇年代國際上的革命風潮

儘管軍事政變爭議很多，但如果找不到促進世界和平更好的方法，也不妨一試，因爲這樣可以達到減少殺戮的目的。

戰國時代企業家呂不韋有「經商是什一之利，政治投資卻一本萬利」的名言。這句話經過蔣氏父子發揚光大，成爲在台灣的外省人所信仰和尊奉的信條、政治文化的主軸。流風所及，很多台灣人也起而效尤，因而使政治良心日益劣質化，更把政治改革打上千萬個死結。戒嚴四十年，政治叛亂案二萬九千四百零七件，改變不了台灣社會對政治的冷感心態，而且有增無已，若非給予突破性的重擊，斷絕政治投資者的美夢，應該無以撼醒潛藏在台灣人內心深處的政治良心，重塑政治和社會上良性淘汰的生機。

雖然社會學很少用實例來模擬試驗，但武力革命（或稱軍事政變）在一九七〇年當時，世界上二十九個與台灣情況類似的新興國家，五年內共發生過卅八次推翻獨裁者的軍事行動（參看下表），其中沒有流血的佔了很大的比例。

1965－1970世界各國政變概況

國名	年代	軍變概略
阿根廷	一九六五 一九七〇	奧加尼亞特推翻艾利亞總統。 奧加尼亞特被拉努斯迫退。
多明尼加	一九六五	加西亞組織臨時政府成功取代原三人團。
厄瓜多爾	一九六六	軍事執政團因全國暴動下台。
巴拿馬	一九六八	凡拉尼歐推翻愛瑞斯成功。
柬埔寨	一九七〇	龍諾政變推翻施亞努國王。
伊拉克	一九六八	陸軍將領胡笙推翻總理阿里發。
巴基斯坦	一九六九	艾育布總統被迫下台，由亞耶汗統大權。
敘利亞	一九六六 一九七〇	阿拉伯復興黨內部無流血政變，民族派得勝。 軍事將領阿塞德奪取政權。
印尼	一九六七	蘇哈托政變中得到政權。
阿曼	一九七〇	王子卡布斯發動宮廷政變成功。
利比亞	一九六九	格達費推翻王制，建立共和政府。

上伏塔	一九六六	軍事將領發動政變成功。
烏干達	一九六六	首相興太乙推翻國王。
蘇丹	一九六六	尼邁里中校政變成功。
索馬利亞	一九六九	巴里發動軍事政變。
多哥	一九六七	埃亞德馬發動政變。
薩伊	一九六五	莫布杜中將政變掌權。
馬利	一九六八 一九六九	凱特總統遭軍事政變推翻。 迫歐拉政變未成。
奈及利亞	一九六六	尼耶古少校領導軍事政變，高溫中校掌權。
阿爾及利亞	一九六五 一九六七	佐姆貝以不流血政變推翻班具拉政權。 佐姆貝平息達哈政變。
蒲隆地	一九六五 一九六六	圖希族發動政變成功。 首相米肯波露上校推翻查爾斯王，成立蒲隆地共和國。
中非共和國	一九六六 一九六九	卜卡薩發動不流血政變推翻達可。 巴拉上校政變未成。

剛果	一九六六	陸軍發動政變未成。
	一九六八	陸軍成功掌握政權，拿哥比掌權。
加納	一九六六	恩克努瑪總統遭陸軍政變推翻。
	一九六七	喀達哥政變未成。
象牙海岸	一九七〇	歐佩拉政變未成。
巴拿馬	一九六九	國防軍事強人陶瑞賀斯發動政變失敗。
祕魯	一九六九	畢努朵總統去職，軍方組織執政團。
波利維亞	一九六九	奧凡道強奚勒斯去職掌權。
	一九七〇	羅吉李歐推翻奧凡道。
	一九七〇	掏瑞斯推翻羅吉李歐。

面對此種世界大勢，說歷史會在台灣重演也好，說台灣情形特殊，要有新辦法也無妨，事實上，前後兩萬九千餘叛亂案件中，眞正拿起武器與統治者拚死活的幾乎少之又少，難怪很多軍法審判官都會說：「如果你眞有行動，恐怕現在是你在審判我了。」這乃是因爲：準備起事過程中，難免遭遇密如蜘蛛網的反革命情治組織，而沒有經驗、不知閃避是最大的致命傷。

在泰源，大家都有經驗，這是他們最大的本錢。西哲阿基米德發現槓桿原理時曾說過一句豪語，「只要能夠找到一個支點，我就能把地球舉起來。」據說參與本案中的諸位兄弟，互相都有信心能把此種用血與淚換成的經驗，當做摧毀蔣家幫的關鍵武器，可以與阿基米德要舉起地球的支點相比擬。

以蔣家幫的組成體質看，若台獨槍聲一響，聞風而逃的可能性很大，如果不幸引起傷亡，身為台灣人，與其忍受宰割，反不如轟轟烈烈幹一場，也不致讓兒孫笑他們貪生怕死了。

當時的參與人士咸認只有像監獄革命，從敵人認為最安全的地方開始行動，才是改變台灣人命運最妥當的引爆點。而且，既然自認對蔣家幫與國民黨有比別人更透徹的了解和更豐富的鬥爭經驗，本身就該負起責任和義務將之完成和實現。你沒有權利要求那些經驗不如你的人去做這些事，因為很多人都已匍匐在統治者之下撿拾雞骨頭了。

至於說，「打赤腳的人逐鹿，穿皮鞋的人吃鹿肉」，普天之下大約都是聰明人在享受成果吧，他們既然不願做聰明人，只要能有成果，只要能對台灣有利，由誰享受也就不必去計較了。

第二節　革命的人才

列寧曾說，革命份子永遠是社會中的極少數，其作用如酵母，主要在把握機會，創造時勢，而不必正面與統治者數人頭。證之國民黨對泰源監獄的評語也是一樣，國民黨說：泰源五百多人，眞正的政治犯恐怕不到十分之一，但他們一個人就可以發揮一個師的兵力。

前章提到泰源監獄的外役實況，非但擴大了外役受刑人的活動空間，同時也提供了政治犯之間私下串聯的機會，成爲泰源監獄革命的催化媒劑，因爲整個革命事件的計劃與進行，都是以外役爲主幹，由他們策劃，由他們聯絡，也由他們去推行。但是事後受到凌虐，甚至因而犧牲性命的，也以他們最爲慘烈。當然，由他們身上所散發出來的台灣精神也最濃郁和芬芳。

根據參與此案的人士指出，泰源監獄革命事件，主要以下列幾位外役政治犯爲主謀：鄭金河（三十二歲，雲林縣北港鎭人）、陳良（三十二歲，雲林縣虎尾鎭人）、詹天增（三十二歲，台北縣瑞芳鎭人）、鄭正成（三十二歲，台北縣泰山鄉人）四位都是一九六二年著名的蘇東啓台獨案的陸戰隊勇士，其時他們正服役於陸戰隊某單位，到濁水溪演習師對

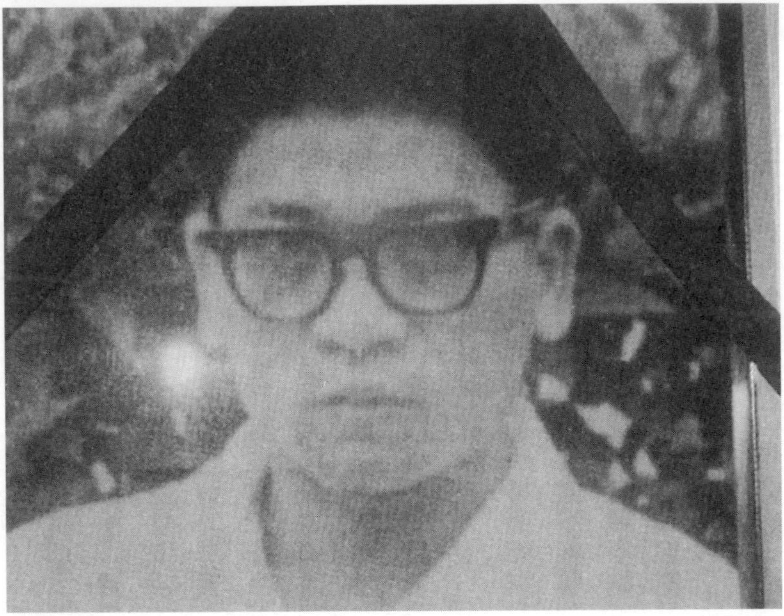
鄭金河烈士

抗（即分據濁水溪南北進行對抗攻防演習），聞悉蘇東啓與高玉樹、李萬居等正推展台灣獨立運動，立即集體參與，分別被判從無期到十年不等的徒刑。同案一位陳庚辛（台北人），當時亦在泰源，因爲他是無期徒刑，不能出監當外役，所以未參與泰源起義。

另外還有二位：謝東榮（二十九歲，嘉義市人，因入伍受訓時與外省班長吵架，要外省班長滾回大陸去，因而被判刑七年）、江炳興（三十一歲，台中市人，「大東亞同盟案」主角之一）。

每一個政治犯背後都有一篇故事，上列幾位泰源監獄革命要角也不例外，茲分述如下：

鄭金河（見圖），初中畢業即以殺豬爲業，五年後被召入伍陸戰隊，當時他已結婚生子。因爲是少數有固定職業和收入（豬肉攤可以出租）的補充兵，太太又是年輕貌美的小學老師，金錢不缺，精神愉快，生活自然很美滿。

他生具俠骨，具有宋江式的英雄氣質，不但喜歡大塊吃肉，大碗喝酒，偶而涉足賭場，一擲萬金也毫無吝色，因爲耳聰目明，腦筋非常靈活，據說贏多輸少。而且孔武有力，普通一隻兩、三百斤的豬養在山坳裏邊，他可以不需幫手，一個人騎腳踏車去，兩個鐘頭內把豬殺好，並且整隻載回來。就憑這個能耐，他幾乎包辦了泰源監獄方圓十公里以內所有養豬戶的生意。因附近養豬人家的豬，幾乎全部賣給警衛連、監獄官兵和裡邊的受刑人伙食團。由於他從小以殺豬爲業，豬看得太多了，現在又是監獄養豬欄的負責人，知識和經驗十分豐富，提供全套飼養知識，成爲山胞最敬愛的「奇能異士」，加上買豬不會要求回扣，給錢又爽快，自然成爲當地山胞的恩主。

還有一件事情也成爲泰源爭相傳頌的題材，就是鄭太太在他坐牢第七到第八年中間，到泰源來向他要求離婚。固然鄭太太知道他先生爲人豪爽，但畢竟是屠夫出身，便希望用錢了斷恩情，豈知鄭某堅決拒絕收受任何金錢，僅要求看看對方是否夠資格讓自己「賣某做大舅」，使鄭太太爲此與她的「男朋友」在泰源住了好幾天，一直要求要爲他幾年後再婚提供

詹天增烈士

詹天增的英勇事蹟仍湮沒不彰

金錢上的幫助，但鄭金河蓋好離婚書印章後僅有的一句話是，請她把小孩留在家裏就好了。他的兒子鄭建國以油漆爲業，今已是四個孩子的爸爸。

詹天增（見圖），國小五年級的時候，有一次到草嶺古道遠足，從此他對中國人表面上滿嘴「同胞」，背地裡卻十足鄙視台灣人的欺妄，有了深刻的認知。

草嶺古道是由北平溪到達宜蘭太平的古通道，中間穿越雪山山脈，山勢雄偉挺拔，大象山更是氣象萬千，佇立山頭，可以遠眺台灣北部海岸波濤，山中有溪流，古道即溯溪而上，沿途風景秀麗，芳香撲鼻而又古樸怡人，的確令人發思古之幽情。

然而可恨的是，沿途卻有台灣官方設立

的「威震蠻荒」、「虎字碑」等等刻碑，詳述「某某總兵過此蠻荒之地…」，將中國總兵許爲「天國大將」，把此地當蠻荒，而台灣人亦成蠻人。無恥的台灣官吏爲孝敬中國主子，不惜貶抑台灣人自身的尊嚴，竟將此台灣人的侮辱列爲古跡永遠保存，「不知是中國人自大，還是台灣人自賤？」

詹天增從小就有如此的疑竇和感觸，長大後對狂妄自大的中國人和拍馬逢迎的台灣人自不會有什麼好感，因而兩次參與反抗蔣政權的革命行動。

江炳興（見圖），台中市人，就讀台中一中時，與同班同學吳俊輝是絕口不講「北京話」的怪胎，兩人常在課餘討論時事，交稱莫逆。（據吳俊輝說，江轉學二中畢業。）

江炳興烈士

當時適逢台灣省議會搬到台中，爆發營建貪污案，他們感到國民黨需索無度，奸商惡吏又朋比爲害，認爲中國人的奸詐正逐漸腐化台灣人純樸善良的民族性格，加上自國民黨據台以後，白色恐怖橫行，製造了許多冤獄事件，不知多少無辜百姓被送進黑牢而含冤莫白，台灣人已到非自救不可的地步。於是兩人立定志向，爲拯救台灣同胞和自己的命運，分別以台中一中高材生之資質進入文武學校求取進一步的發展，江炳興身體較結實，選擇武校進陸軍官校，吳俊輝體格較弱，選擇文校考東海大學，兩人都是以第一志願上榜。

一九六二年之際，江炳興在陸軍官校四年級，吳俊輝在東海大學，結合江炳興在陸官的同學蔡財源，及他們的中學同學蘇鎮和（在東吳大學），還有陸軍砲兵少尉施明德，及施明德的中學同學陳三興兄弟，共同發起籌組東北亞聯盟，主張台灣獨立，並與韓國、日本組織大東亞同盟，江炳興因而被捕下獄，判處十年徒刑。

謝東榮烈士

泰源監獄革命，江炳興是第一梯隊指揮官。

謝東榮（見圖），一九六七年，謝東榮被關在義監第十一房。他後來會決心參與監獄革命事件，深受在獄中廣爲流傳的韓國革命志士安重根事蹟所影響。

安重根（見圖）是韓國獨立運動先驅，一八七九年生於海州，二十五歲即展開抵抗外來政權的武力革命工作。一九〇九年，日本首相伊藤博文逼退韓高宗李熙讓位，安重根爲求找回韓國人尊嚴，立志驅逐入侵者。他從韓國到中國上海，再從山東煙台到西伯利亞，到處尋訪革命志士，計得三百人後，發動襲擊圖門江南岸的慶興郡日軍，彈盡而退。安重根深知驅退日寇之不易，爲鼓舞支持者士氣及表明決心，當眾自斷兩根手指。韓國人感於安重根的忠烈英勇，都尊稱他爲「八指將軍」。

高金郎攝於韓國「安重根銅像」前

一九〇九年十月，伊藤博文視察滿州，安重根又進行刺殺行動，在哈爾濱車站連中伊藤博文三槍，他當即被捕入獄，一九一〇年三月二十六日被殺。韓國人傾全國之力，要求收回安重根遺體，但始終不可得。韓國人只好為他雕刻石像，矗立在韓國各地。今漢城南山塔下安重根圖書館廣場上的安重根石雕像，已成為韓國的光榮象徵。此外，在韓國許多地方都保留八指將軍手掌的石碑和雕刻，可以想見安重根在韓國人心目中的地位。

安重根的故事亦成為謝東榮獻身革命的重要啓迪。他於聽完安重根事蹟後，亦曾經很衝動地要砸斷自己兩根手指頭，事經同學們勸止，並了解到台灣與韓國事實的不同，但他堅定的革命決心已然形成。

上述這些人分別來自台灣不同的角落，但都有一項共同的特點，即大家都在國民黨的教育下長大，眼看國民黨政府官僚的飛揚拔扈與囂張，都非常瞭解國民黨的統治本質，不但出賣老百姓，還要被出賣的台灣人感謝他的眞面目。

他們檢討國民黨以「白華」身份（白俄為赤俄所驅逐，國民黨也被中共從中國大陸趕出），居然能夠在台灣倖存的條件，認為：在國際冷戰局勢中，東西兩大勢力相對峙，台灣政權具某種利用價值和生存空間。結論是：自從美國甘迺迪與赫魯雪夫和解，台灣政權會從美國對付共黨的資產變為負債，成為被出賣的對象。

在七十年代以前，美國是否出賣台灣，在台灣人的心中已成爲隱憂，一些比較敏感的人士私下就爲此而爭論不休，因爲出賣的方式並未明朗，不是沒有挽回的希望，但是外省人秉持五千年中華文化的鬥爭經驗來壓制台灣人，而台灣人經過五十一年日本忠君愛國的殖民教育之後，民族性充滿「必待賢者而後興」的依賴心理。加上台灣人中難免也有自私和貪小便宜的人，正好迎合國民黨分化的伎倆。而且老K使用連環反間計，收買小人以打擊正人君子。從李萬居公論報風波到雷震案，可以見識張祥傳那付賣友求榮的惡相，簡直連父母親都可以不認，他非扳倒李萬居和公論報不可，但從他由日本「保正」被國民黨扶上台北市議長寶座，就可以窺見台奸和唐山賊相互勾結的嘴臉，和對某台灣人迫害之一斑。

可是也不必因此就對台灣人感到失望，從社會發展史或運動史上來看，追求利益在社會進化中永遠是最大的誘因。祇是如何辨別眞正的利與害，以及何者才是最大的利益所在，祇有透視種種魔術幻境才能辨別，基本上並非人人都能達到，能擇善固執的人更少。這也不是台灣人所特有的毛病，如果因此就懷疑台灣人的優越特性，實犯了以偏概全、甚至誤解大於了解的毛病。

試問：法蘭西民族不是曾經因爲躍居世界領導舞台而使很多人以生爲法國人而自豪嗎？但戴高樂也曾經對法國人感慨係之地說：「我愈是瞭解法國人，就愈是喜歡狗。」連法國人都不免自私，台灣人在很多地方比法國人也不會差到那裡去。

再說，台灣人有的缺點，外省人或國民黨員也都有，甚至更嚴重幾十倍。第一個證據是，國民黨是一群流亡人士的組合，也都是鑽營權利的動物。雖然目前是他們的「天年」，只要國民黨開始「衰尾」，使他們面臨難以克服的挑戰，那就到了「日頭赤豔豔，各人顧生命」的時候。

不同於前述幾位青年政治犯，在泰源事件的幕後英雄中，有一位老牌政治犯值得特別記述。

◎陳光雲

「革命家的特質，是發掘問題，利用環境，並以特別靈敏的嗅覺尋找人才。祇要有人才，敵人的軍火庫可以為我所用。」

上面這句話即出自陳光雲。他是一個典型的悲劇人物，也是一位典型的台灣人，他把一切都奉獻給台灣而無怨無悔。

他是彰化員林人，日本熊本工業專科學校肄業，轉任「海軍工員」（日本時代徵召在學學生接受技術訓練後入伍為專業技術軍人），一直到日本戰敗才返鄉，任職台北中央廣播電台，從事無線電廣播機器和收發報機的維修。當他知悉泰源行動計劃後，自願負責革命部隊和革命執政團所有廣播工作的接收、整編和播報業務。

在泰源監獄事件中，他極力主張自己創設電台，他表示，祇要有足夠的眞空管和交、直流電源，就可以無限制供應廣播電台發射器，他並要求在起事前幾天給他準備六個眞空管、四到六個最強力乾電池和其他必要的工具，他就可以設立電台，至少也可以在起事當天做爲聯絡工具。

陳光雲曾經提出一份起事以後的「廣播要點」給同志們做參考，他認爲廣播事業從新聞採訪、廣告招攬、新聞播報員，到機器維修，幾乎都是情治人員所包辦。換句話說，當時的台灣廣播界，幾乎已經成爲統治集團的情報站或特務人員之家。

所以他建議，革命軍所到之處，應該首先整編或根本摧毀各電台的基本營運架構，代之以自己設立的電台。

陳光雲從畢業後，一直與機械爲伍，坐牢以後仍然不停花錢購買英、日文專業雜誌閱讀，可惜這位學有專精、在革命過程中特別重要的陳光雲前輩，並沒能親眼看到他在牢裡廿二年夢寐以求的監獄革命。

據他的同案黃金島表示，早在一九四七年三月間，他們就認識了。黃金島當時是二七部隊的中隊長，陳光雲是中廣的機械師，在那全島沸騰的二二八事變中，很多曾經在日本軍獲得經驗的人，都自動報到參加，陳光雲即是其中之一。

二二八事件平息後，他們都被監視，因而有意逃亡國外，乃分頭進行聯絡偷渡工作，就在他們約好到基隆碼頭搭船時，兩個人共同坐上一部三輪車，因為下雨，車座前的簾布放下來，他們兩人就這樣被偽裝成三輪車夫的秘密警察直接載到基隆碼頭的特務單位，兩人均以參加反政府行動，並畏罪意圖逃亡，被判處無期徒刑。

黃金島說，從他們被送進特務機關的大門起就受盡折磨，像灌辣椒水、灌汽油、坐老虎凳等，算是近十幾年來國民黨自誇的「文明」作法了。要知道四十年前（一九五〇前後）國民黨特務問案的酷刑，下面有兩個例子可以說明：

曾任國民黨台灣省黨部書記長的三重聞人李友邦，一九四五年從大陸返台時曾帶回一位小姨太，在國民黨政府遷台後的政治鬥爭中，有關方面指稱李太太涉有中共間諜之嫌疑，被扣押在和尚廟（舊稱東本願寺的警總看守所，現在西門町獅子林一帶），關獨居房，很多時候都是入夜後提訊，天亮前返押。

早上打掃走廊的外役經常發現，從鐵門到押房門口，血跡斑斑，據李太太事後告訴難友，為了逼供，偵訊人員曾用牙刷刷她的陰阜，使她從鐵門到房門口都無法走路而必須爬回房裡，下部血流如注。有時還用棕毛穿乳頭小孔等，百般凌辱，眞是生不如死。

雖然李太太祇判十五年，但李先生卻因而被槍斃。

另外有一個金門的匪諜案，以金沙鎮長張榮強爲首，同案包括幾個鄉鎮的仕紳在內，其中有一位農會總幹事（現在可能還在社會上活動，姑隱其名），因爲他被偵訊時所受的酷刑，而必須一而再地向同房的難友說明他的生殖器何以會有起伏不平的丘陵狀波紋，據說是被用鐵絲圈套上去拉破包皮所致，並曾嘗受被用細鐵絲捅尿道的滋味。

陳光雲和黃金島坐三輪車闖進地獄門，會受到如何的待遇可想而知。尤其陳光雲生性沈默寡言，台灣意識又特別強烈，他沒有像黃金島嚴格訓練過的強健體格，更經不起摧殘，到泰源監獄以後，氣喘、心臟病，每年秋冬之交就經常發作。

陳、黃都是一九六二年從綠島移監泰源的先鋒隊，兩人也都在修車廠做汽車維修工作，後來人數漸多，因爲他倆是無期徒刑，才被調進押房當外役。黃金島關進押房後，陳光雲仍然默默地做他的理髮工作，並幫忙處理三餐和打掃監房周圍環境。

在舉事前一個月（新曆年過後），陳受到風寒，心臟病復發，於清晨清掃石頭路的落葉時昏倒，前額被突出的石頭砸破一個洞而流血不止，就此與朋友們永別。

如前所說，他的心臟舊疾復發，早在新曆年前就有跡象，在醫務所的同志聽說也曾極力爲他爭取送台東軍醫院就醫的機會。（此事，當時在醫務所的莊寬裕和林振賢都曾經出過力。）

在牢裡獲准送醫，等於社會上獲准出國。但是陳光雲堅不就醫，他告訴朋友說，他並不是天生的革命家，革命事業對他來講也是遡不可及的事。但他又說，人生在世，如果連玩不會說話的機械的權利都被剝奪，甚至活著祇是當統治者鬥爭和弄權以滿足私慾的工具，那就非得重新檢討生活的意義不可了。他自己是終身監禁的囚犯，已坐滿二十二年的黑牢，卻依然和剛被判處無期徒刑的人一樣，看不到任何曙光。如今一批熱血沸騰的年輕人正在跟惡勢力搏鬥，只要自己還能有點作用，當然義不容辭要站到第一線，何況他現在處身於最關鍵的理髮外役的位置，因爲外役中午不關門，更因爲要給押房的朋友理髮，很多班長都會嫌麻煩而把開鐵門的鎖匙交給他。這對如何安全出監、快速和警衛連整編，非常有幫助。

很遺憾，陳光雲壯志未酬身先死，但他毫無保留地把自己最寶貴的性命和終生所學的技能都奉獻出來，充分表現了台灣人聖潔光輝的德行，實能貫日月而泣鬼神。此役在最後關頭，很多同志都明知準備不足而仍然全力以赴，陳光雲的精神感召力量不小。

另外據指出，陳光雲決意參加此役以後，曾經表示他有一位胞姊名叫陳翠花，嫁到員林，並有地址，希望能聯絡上，但等出獄者到所寫地址去拜訪時，卻已找不到人，令他以前的同志倍感心酸。

第三節 泰源監獄革命的組織源起

話從沈至忱監獄長大量讓受刑人走出圍牆當外役的六六年前後說起，一百多位外役中，強烈希望台灣獨立的最少也有三十個。由於共同理想以及條件優越，加上環境允許，逐漸形成一個無形的組織體。他們藉著討論、觀察和訓練，成員之間衹要使一個眼神，或忽然提高講話的聲音，就可以判斷環境變化，這是「無形組織的最高境界」。

經過反覆的意見交換，他們得出了兩點結論：①國民黨政府在美國與中共和解聲中，非但不被繼續當作寶，反而還會逐漸變成包袱和累贅，成爲被出賣的對象。②監獄革命如果經過審愼和周密的計劃，也有成功的可能。

一九六八年農曆正月初二是一個關鍵的日子。七位政治犯待在「教誨堂」（監獄上課處、禮堂）裡一百多分鐘，其中四人分別擔任警戒，並假裝七嘴八舌，讓其他三人談出四點結果。包括：①利用外役成立搜集和提供新聞（給工作同志）中心，②把上述無形組織轉變成可以派上用場的戰鬥體，③責成七號朋友擬出一個確實而可行的監獄革命行動計劃，④試探將警衛連納入組織的可能性。

與警衛連建立合作機組，是此次監獄行動最具關鍵性的環節之一。這是「秀才造反」的重大突破，使理論成爲事實，使計畫付諸行動。而且唯有能夠做到這一點，才能使獨立軍的人數急遽增加，符合革命行動之所需。

與警衛連的聯絡，可以說自有政治犯起就開始，因爲警衛連中，不論什麼時候，總有與政治犯有淵源的人，例如泰源監獄就有一位警衛連長，與當時在福利社服勞役的黃聰明是政戰學校的同班同學。而且，泰源時期經歷過綠島或台北監獄階段，與衛兵聯絡已有相當的經驗。

參與監獄革命，不成功就會被砍頭，沒有絲毫僥倖的餘地，膽敢主動邀請拿著武器的代理統治者——衛兵，一起反抗原本對他發號司令的統治者，其危險性比小老鼠拿鈴鐺去掛在貓脖子上的危險有過之而無不及，因爲前者衹要掛上去就了結，但後者還得設法讓對方不覺得害怕，或有被出賣的感覺。

然而他們終於做到了，而且還做得非常漂亮。據統計，警衛連八十多個官兵（當時泰源只有三個排，另一排在綠島），共有十五名被列爲可能參與行動的準盟員。加上監獄內外與少數山胞朋友，共有一百一十幾人之多，一年多的經營，證明台灣人並非貪生怕死之輩，更不必說賣友求榮了。

此項聯絡重任，最初都由鄭金河默默在做，自從做了決定以後，江炳興、謝東榮也開始遊說台中和嘉義鄉親，參與人數驟增，但洩露出去的危險性也愈大，於是祇好把原先所擬：「在絕對的安全下，把牢房內和外役中做最大限度的組織」的計劃推展至於警衛連。還特別擬定緊急補救辦法，精準要求所有參與工作的成員必須堅守「一對一」的溝通原則，而且溝通結果一定要叮嚀對方「不論在任何情況下都不能講給第三者聽」。因爲在那個國民黨使用恐怖統治最猖獗的年代，特務陰影無所不在，不但同事之間會有猜疑，即連太太也能密告先生行動，如自香港回台唸台灣大學法律系、後來據說被判死刑的何至輝（他從泰源被提回調查局就沒有再送來）。檢舉他的，正是他的太太。

說得徹底一點，從一九六二到六七年的五年間，台灣全島大小叛亂案有幾百宗之多，幾乎全部都在籌組階段就被破獲。並不是國民黨特務網有多厲害，而是籌組人員經驗不夠。

根據上述監獄革命計劃擬定人的說法，國民黨的特務比蜘蛛網還要密。但蜘蛛網再密也是死的、也有空隙，而人是活的，祇要能技巧地鑽空隙，絕對有把握使特務網無用武之地。

將這點說明清楚，可以使讀者對當時的環境有更深入的了解：何以政治犯雖有零星抗暴，但卻沒有集結成大股力量，做大規模的革命行動，並非沒有人進行，但都不得不停留在個人計畫，或者僅限於小圈圈內。

一九六三年警總看守所脫逃案，可能被判死刑的黃祖堯，在台並沒有親友，衹好請難友利用接見送東西時暗藏鋸條，當他把鋼條鋸開，在等待適當時機行動時，被同房難友無意中發現，密報給監獄管理單位，加速他執行死刑的時間。

還有綠島「新生輔導營」的新生，前後幾次脫逃，管理單位也發動受訓犯人去搜尋。這些可以証明，即使管理方面也相信受刑人會站在與他們合作的立場，相對的，也使有心舉事的人更加小心。

七五年代中期的安坑看守所，就有一件至今未被公開的行動計劃，多位台獨案朋友擬就一項狙擊管理員後的集體脫逃計劃，可惜到他們被移送泰源監獄時仍然沒有機會付之實施，兩公斤砒霜最後被「餵馬」（沖進馬桶）了事。

於此不能不大書特書的一點是，此案靈魂人物之一的鄭金河所擬的刺蔣計劃。在泰源，不論官兵或難友，衹要認識鄭某人，都知道他除了賭博之外，衹有玩女人有興趣，但是據了解他最深的一位難友指出，這純粹是他僞裝自己的保護色。他賭博雖然十賭九贏，但贏了，不是還給輸的人，就是分給別人花用，自己從不使用，而接近女人是希望順利逃到西部，執行刺殺蔣氏父子的機會。

根據了解他的人士所述，鄭某曾經和他反覆討論上述計劃的可行性，最後歸納所有刺蔣想法，正式定名爲泰源監獄革命建國計劃。

於此介紹一下上述那位與鄭金河分別負責監獄圍牆內外聯絡工作的朋友。我們就以七號朋友相稱呼。

七號朋友詳述鄭某所提刺蔣的計畫是：在西部縱貫線上（或台北市中山北路兩旁的高樓上）「守株待兔」。鄭說準備用兩、三年的時間，守在公路旁或高樓上的「捕蔣區」，等他們父子經過。

鄭的假設是那時蔣氏父子往返台北和高雄的機會很多，縱貫路兩旁常有很多水果、甘蔗或飲食攤，如果能夠訓練三五個人在路旁設攤，自己在設計的地段埋好炸藥，並拉好引線，等車隊進入爆炸區時引燃。如果在中山北路，就分別在路旁租房子，從樓上丟炸彈。

當時台灣還沒有高速公路，直升機也不多，以鄭金河的耐性、毅力和稟賦，及自己人都騙得過去的僞裝術，成功的可能並非沒有。但是即使眞能成功，尤其要蔣氏父子同時受戮，恐怕太過奢望。所以，盡管翦除獨裁者可以說是對付獨裁政治的最有效方法，但寄望以此完全解決台灣問題，恐怕註定非落空不可。

七號朋友認爲，國民黨的統治機器由獨裁者以及獨裁機構刻意運作，如一年一次的閱兵，就等於是爲他們的統治機器重新包裝或油漆，也給反獨裁政權的人威脅和警告。盡管蔣政權已經病入膏肓，但是藉著愚民宣傳和恐怖政策交相運用，使人眼花撩亂，他們每隔若干時日就逮捕一些反對派，再利用閱兵恐嚇反對者。閱兵在蘇聯或中共，是向其他國家誇耀新武器，但國民黨則是恐嚇反對者和鼓舞支持者，兼而有之。

七號朋友把國民黨政權比喻為鐵桶或鋼架，都已經生鏽、腐爛，連一絲絲鐵的成分都已不存在，但從外表上看來，因為每年粉刷一次，宛然還是新品，如果沒有透視內涵的洞徹力，便看不到已經腐蝕的本質。

所以，只有集中足夠一擊的力量，戳破爛鐵筒的油漆表皮，向百姓公開老K的本質，這比單獨刺殺獨裁者或其他甚麼都重要，因為台灣問題不是換個統治者就可以解決，至少要打破統治神話和禁忌，還給百姓一個純淨的眞面目，比什麼都重要。

七號朋友回憶當時的情形說，這是他與鄭金河達成共同倒蔣的具體討論之一，他也告訴鄭，有關某某醫師曾經準備兩公斤砒霜準備殺監獄官員的事實，希望把這些個別的計畫串聯起來。

經過一連串的討論，兩人分別在圍牆外和圍牆內進行。七號朋友負責設計，鄭金河負責找人。人數多多益善，最少希望能有九十六人以上。雖然人數不算頂重要，但七號朋友說，這麼多人才可以發揮他設計的三二一戰略——即牢友、軍友和山友的比例為三比二比一。

整個監獄革命的輪廓，可以用三十三個字來簡單說明，即政治犯、警衛連、帶領社會人、游擊戰、宣傳術、支援正規軍、革委會、執政團、強取談判權。

具體一點說，結合政治犯、警衛連和社會青年的監獄革命發動起來以後，要在十六個小時內摧毀或有效破壞國民黨在花東的統治機構，由革委會徵用學生維持治安，象徵性的軍隊防守南北兩個通道，並派最多量的游擊手橫越中央山脈到西部打游擊戰，破壞交通，癱瘓國民黨的統治機器，成立執政團與老K談判改國號、換憲法和定期大選等事宜，而以佔領離泰源不到三十公里的富岡電台為第一要務。

說起來簡單，但以當時泰源監獄的條件來看，實難如登天，不說別的，僅是為了要有一份比較詳細的花東地圖，就已不知費了多少的力氣。

七號朋友表示，他提出計畫時，洋洋灑灑寫了三萬言，包括：①如何在絕對的安全下，把牢房內和圍牆外的外役做最大量的結合，②如何讓押房內的朋友於最短時間內安全脫出，③如何與警衛連混合編組，並維持最高戰備力量，④如何確實維持監獄與台北之間正常的通訊作業，⑤如何在花東路上保持革命軍的機動快速與安全，最好沿路還能有情報和補給，⑥成功輕裝師和東防部、東警部的突擊計畫，⑦研究設計相互聯絡的密碼、暗語、代號和標幟；最重要的是：⑧花東兩縣的民運計畫；最沒有迫切性的是：⑨東部的海防評估。此外，都市游擊等，由游擊專家九號朋友負責設計。

上述各項論點，在牢房內外都曾充分討論，一來唯恐計畫會有重大缺漏，二來也爲了給所有人完全了解計畫的全部細節，不致因爲某人或某部分發展太快或太慢而影響整個工作的進行和成就。但準備工作之困難，絕非一般人憑空所能想像。試舉例：

爲能在最短時間內利用廣播電台向台灣人播放獨立宣言，千方百計寫好一份草稿，利用秘密管道攜帶出外，再請人翻成英文，並製成台語、英語和北京話三種錄音帶。寫東西不難，但是帶進帶出，按例都必須檢查，錄音帶在當時的台灣社會並不很普遍，何況政治犯監獄的受刑人幾乎見所難見。尤其隨時都有被「安檢」的危險，保管一捲錄音帶，無異懷抱一顆定時炸彈。但這是主要的項目之一，經過幾個禮拜的努力，終於製作完成。這錄音帶由江炳興負責，也一直都放在他身邊，出事之後被列爲主要犯罪工具之一而遭沒收，雖然沒有能使它向台灣老百姓公開，但包括蔣經國在內的國民黨高層應該都曾仔細聆聽過。該錄音帶雖有可能已被毀損，惟製作和試聽過的人士應該還有人健在，但作者僅能從自稱曾經參與討論宣言的人士處獲得內容概要，這在本書第八章將有所說明。

第四節　泰源監獄革命的行動準則

按照計劃，行動將於中午十二點半開始。

估計，從打開押房鐵門把人犯放出來，到與警衛連會合，只要十五分鐘，第一部車預定十二點五十分準時出發，以富岡電台爲第一目的地，接著是攻佔成功輕裝師基地，然後是東防部。任務達成就在旗桿邊上擺一株綠色甘蔗尾。

第一車預定十六人，其中政治犯八人、警衛連五人、三位山友。全部輕裝備，以快速突擊爲主。

第二部車上配備兩門迫擊砲，人員與第一車同，目標直奔輕裝師基地，如果看不到甘蔗尾的記號，就可以開砲。任務完成後向台東縣警察局推進。

第三部是中型吉普車，坐滿六人後，直奔花蓮。行動計畫由吉普車上兩位花蓮兄弟規劃，與隨後出發的第五部車互相接應，預計抵達花蓮已是當天夜晚，目標以警局、軍事單位、電台爲主，配合民運辦法成立臨時政府爲目的。（參看路線圖）

現成有一部小吉普車編爲第四部，上載六個經過游擊訓練的牢友，抵台東時放下兩人，

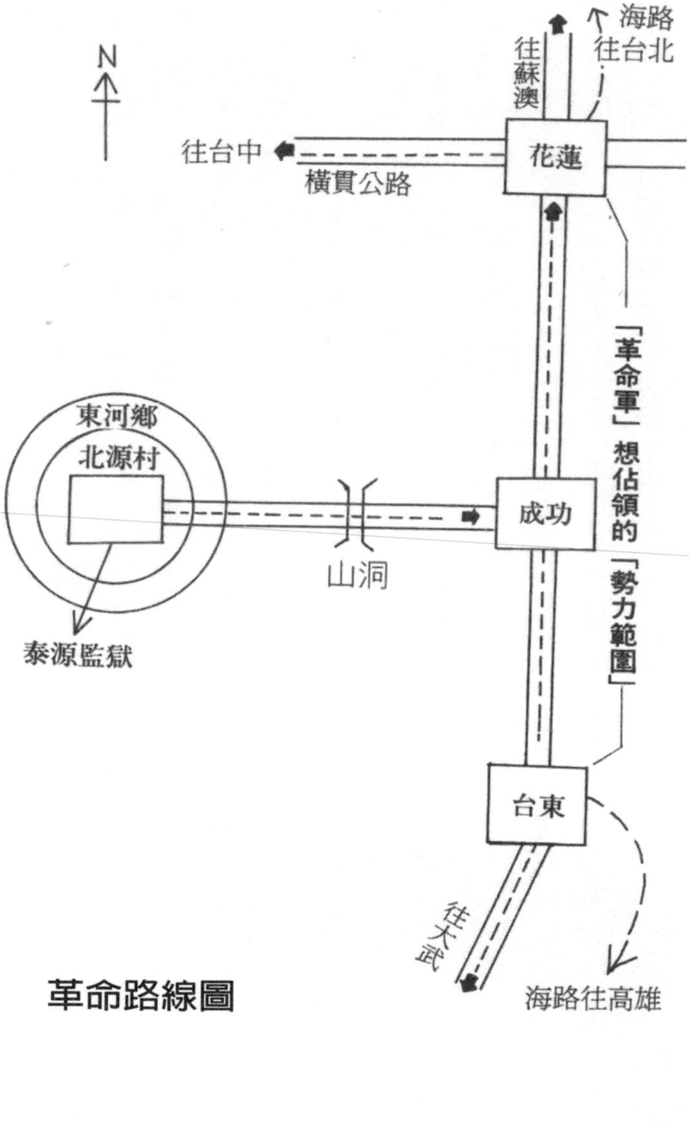
N
海路
往台北
往蘇澳
往台中
花蓮
橫貫公路
「革命軍」想佔領的「勢力範圍」
東河鄉
北源村
成功
山洞
泰源監獄
台東
往大武
海路往高雄

革命路線圖

其餘直衝高雄，所到之處一律想辦法癱瘓交通，工作項目還包括聯絡高屏地區被老K排擠的仕紳，共同爲建立台灣國而努力。

七號朋友說：「我們的設計並不能預期百分之百成功，但是推翻獨裁統治，古今中外的經驗都是祇要有人揭桿而起，勢必蔓延；只要眞正在某一處把革命之火點著了，成功就有希望。」

「這就是大伙兒在最後關頭勉強同意，在未能充分準備之前提早起事的原因。」

「至於討論過程中，特別引起爭論的一項是，應否先釋放全國十多處國民黨的集中營及台中、花蓮等長期受刑人監獄中的人犯。提議人認爲，應該將心比心，這些人很多也都是被國民黨以莫須有的罪名迫害的，如果不把老K打倒，他們就會再坐牢，所以他們應該是先天上最能合作的戰友。但也有人反對，認爲革命的主要工作在爭取老百姓的信心，祇求成功而不擇手段的做法不是吾輩所應爲的。而且頂多祇能寄望這些人士配合，如果要他們發揮主導作用，恐怕會失望。當天的討論沒有結果，最後，決定留給各路指揮官視情況處理。」

七號朋友指出，爭論幾乎無所不在，幸好，從未因爲有爭論而不能進行。他舉例說：「到最後那幾天，時間、車隊、槍械，甚至連每車負責人的階級和軍服都有了定案，唯有在何種情形下才打開牢房鐵門出監，大家卻各持己見。很多圈內人也都在當天下午才聽說採用調換碉堡衛兵的方式。」

也就是因爲這樣，使原本就必須連闖六關才有勝利希望的監獄革命又增加了一項大困難。

據他說，其他六道關口分別如下：

「第一關：打開鐵門，讓牢友儘快到大門口與軍友會合。」

「第二關：牢友與軍友（警衛連）、山友（山地青年）完成整編後出發。」

「第三關：走出無尾路（此路只到北源村爲止），突破山洞口，才能轉戰南北或海上。」

「第四關：佔領富岡廣播電台，並加裝強力發射器，向全世界發表台灣獨立宣言，並突擊附近成功輕裝師基地。」

七號朋友談到這裏特別強調：「泰源事件只要能把台獨宣言從收音機或其他媒體上公開，就是獨立革命，老K再怎麼醜化、扭曲也改變不了。發揮獨立革命震撼人心的效果，這也是原來預期目標的下限。」

「第五關是控制花蓮及台東。預計只要台灣獨立委員會在東台灣成立的消息傳到台北，國民黨就會聞風潰逃，健全的台灣社會體質也可望因而建立起來。」

「如果蔣氏政權眞如此耐命，我們只好繼續向第六關挺進。首先要應用外交手段制止國民黨使用空軍，其次要全面瓦解花東憲警勢力，以高中以上學生做爲維持治安主力，動員全部後備青年固守大武與蘇花公路兩條要道，加派突擊隊和海上巡邏艇西進，要求在國際監督下，全島進行公民投票改組政府和國會。」

七號朋友沒有提到的其他參與者，雖然受到交通工具的限制而派不上用場，他們有一部分人原本準備接管收發報工作，和道路臨檢，並隨時徵用公車和驕車，支援運送補給品。

有一項據說衹有極少數人才知道的秘密，就是離開監獄以後，相互之間無線電聯絡的呼叫暗號和文書人員傳達的口令也已經過精密的設計。舉例說，如果鄭金河部隊要與江炳興的單位傳達訊息，一定得先表示「河致興」的暗號，然後自己報出「○三三加○五」才算正確。因爲鄭金河編號「○三」，不論誰代理他做聯絡，都是「○三三」，江炳興編號「○五」，以此類推。

據指出，原來估計打開監獄門放出政治犯的成功率超過四成以上，而衹要能開門放人，發動全島性游擊戰的可能性就會大增，而聯絡暗號，主要也是爲應付此種情況所設計。

第五節 放封場上

一九七〇年二月六日到八日，連續三天早上，押房值班班長並沒有六點鐘就吹哨子叫起床，取而代之的是六點五十分才開始播放「恭喜新年」的錄音廣播，七點鐘打開房間鐵門透空氣（當然，出監的鐵欄杆會鎖得緊緊的），以示監方對過年的恩惠，並開始吃早飯，八點鐘「放封」。

因爲是過年，放封時間與平時不同，從八點到十點半，幾達平時的三倍，放封場也改在教誨堂後面的球場上（犯人自己做的籃排球場，參看泰源監獄平面圖）。最特別的一點是，同案或有親戚關係的受刑人，也可以在看守長的允許和監視下作短暫的談話，例如給予施明德三兄弟、蘇東啓三連襟、陳三興兄弟等見面的機會。（依照管理規則，即使兄弟同案，也不能關在一起，還得分開來監禁，未獲得允許，是不能講話和見面的。）

八號是年初三，也是年假的最後一天，放封剛開始，鄭金河、陳良、詹天增、林振賢、莊寬裕等，以及在修車廠、養豬欄、醫務室等處服外役的難友，都趁此機會趕早來到放封場。

今天氣氛似乎有點不同，因為平常時間只要一進來，大家都會聊個沒完，今天卻都只談三、五分鐘而已，而且每一位進來的朋友好像都要跟同樣的一批人打招呼，一個談完又接著一個，最後，在醫務室當外役的莊寬裕拿一大塊豬蹄膀，說要給某位當天生日的同學慶生做水餃用，要求高金郎轉交給做水餃的朋友。

藉著拿豬肉的機會，高和莊兩人一齊走回義監後面的水池邊（參看平面圖），莊直截了當地提出了他的疑問：何以他未能及早知道此事？又，要如何應付此類特殊機構所應有的安全聯絡訊號、系統或管道？莊強調，如果沒有妥善的應付辦法，輕舉妄動無異是集體自殺。

高只好直說：「聯絡工作最為困難，外役是由鄭金河負責，仁義兩監也另有其人，進行方式由他們視安全與方便情形而定，現在知道還不太晚，你的疑問也是大夥兒最感棘手的問題。現在距離預定起事時間已不足三個小時，如果你能提供更好的辦法，使這件事做得更完美，全體台灣人都會感激你。」

莊坦白表示，他就是一直找不出解決辦法才會等到現在，否則他早就拚了。

既然如此，高就用最短的時間給他做概括的說明：正好兩年前的年初二那天，敢與老K拚的三位兄弟（就是前面所提的鄭金河與陳光雲）曾經在教誨堂決議共同以最原始的本錢，用生命來與老K鬥一下。從那天開始，他們一直全力進行了兩年的準備工作。

「準備工作進行得如何呢？人員、武器和裝備，尤其最重要的是，我剛才提出的，如何應付監獄與台北國防部之間的通訊問題呢？」莊又重提他的問題。

「人員已經超過一百人，包括難友、警衛連和山胞朋友。武器裝備是就地取材，包括警衛連和監獄在內。計劃將控制花東兩縣，與國民黨東西相對峙，利用內外情勢，逼使他們放棄現行憲法，組織新政府，實行民主政治。整個計畫的重點，在如何使用武力創造內外新情勢，而佔領富岡電台是第一步，如果發展順利，老K聞風而逃的可能性也不是沒有。然而，對於兩年來穩紮穩打的做法，也有人大加反對，認爲革命工作無論如何也達不到百分之百的完全準備，之所以會演變到今天騎虎難下的地步，完全因此而來。ハタ（柯旗化）曾經向我表示，他懷疑是中了アカ（赤色份子）想借老K之槍來剷除台獨志士的陰謀。朋友們對此做過檢討，也清查過每條管道，發現已經走得太遠了。因爲阿德的兩個傳令員謝東榮與高鈺鐺已經把此項工作散佈出去，計劃幾乎半公開，已超出應有的安全範圍太多太多了，所以今天才請兄弟們暗中緊急備戰，以便一齊行動，現在估計成功的機率或許不大，但總比等著讓國民黨甕中抓鱉要好。」

「我知道，阿德永遠是一個只看天上的星星而不管會不會被泥巴滑倒的人，靠他絕對不成，兄弟們也都知道，原本並不讓他參與，剛才鄭金河說阿德要求照他的計劃行事，因爲已經沒有多餘的時間了，但鄭斷然告訴他，開門以後，一切要按照革命委員會的計劃行事，不要被他搞砸了才好。」

「話雖如此，但我還是希望你出去後馬上找到鄭金河和江炳興，如果能緊急煞車，等我們準備得更充分，成功的希望更大。」

「至於你所問的問題，我應該把裡面人的構想講給你參考。整個設計在利用敵人的時間空隙，如果能夠爭取到六個小時的空檔，就可抵達台東，十二小時以後可以遍及花東兩縣，成功的機率即可大增。

「有人常說國民黨政權腐化，就是說整個政權的結構體系上留有很多大空隙，讓特權份子、有錢人、和有能力的人加以利用和發揮。現在就是要爭取在國民黨還沒有能有效反應，或有效反應還達不到花東地區之前，就給予它致命的打擊。」

因爲莊還是似懂非懂，所以舉例加以解釋：

「國民黨海軍有一條澧江軍艦，於一九六二年某時奉命營救被困在廈門港內的一批美國西方公司（諜報公司）的人員，該船在闖入港內以前，先把外表漆成和中共軍艦一樣的顏色，再準備一套中共海軍信號旗、中共五星旗和艦旗等，在進港時依照中共進港通訊報告操作，希望廈門港內的共軍官兵不致及時認出有敵船入侵。」

「其中最重要的一環，是電訊兵照計劃打電報和發信號，與規定的信號不相符合，但可以給塔台的信號兵和譯電人員一陣子迷惘，拖延對方判明身分的時間，在共方還沒有弄清楚是怎麼回事以前，任務已經完成，全身而退了。

「還有，國民黨海軍有次與共軍對仗時，曾向空軍求救，適值午夜兩點，值班士官長上大號，未能及時反應，導致某永字號軍艦被擊沉，使得劉廣凱只當三個月的海軍總司令就下台了。」

莊東吳大學出身，三十歲不到就出任台中某商校校長，但畢竟與軍事有些隔閡，聽到這裡，不禁問說：「那又如何能拖延對方，保持六到十二小時不致有所行動呢？」

高不得不又告訴他計劃中此一部分的簡要概況，就是由「牢友」中一位不久以前才從空軍某電台下來的上尉台長接管聯絡工作，用「明碼」向對方「報安全」即可。如果對方起疑，也不致於會立即反應，就算反應上去，因爲今天過年，根本沒有人值班，否則就只有請上帝保佑了。

莊還是認爲太冒險。最後他提起，監獄安全官吳少校常到醫務所與他們閒聊，老婆又是台灣人，應該可以想辦法爭取他。但高認爲現在談策反已經緩不濟急。高承認準備工作完成不到一半，但事已至此，也衹好明白講出來，請他出門務必先找鄭和江兩位談一下，能暫時

李萬章

打住最好，停不下來就祇好勇往直前，押房內的人祇有等外面的朋友做決定了。

高回到放封場已經十點多了，直接找到今天做水餃的兩位公差李萬章（參見相片）和臭永仔（參見相片），今天是啞吧班長（因很少說話而得名，但孔武有力）當班，必須多加小心，臭永仔與高同案，他主要任務是等外役朋友解決中門警衛以後，負責從值班班長身上取得鑰匙，打開房間鐵門，讓押房內的朋友出來。

高找個機會問臭永仔：「怕否？」他說：「此項工作原本由陳光雲處理，現在不得不另作安排，只擔心情況會有

林明永

變，要不然沒有什麼好怕的。」

高某再問他準備好沒有？他說：「遺書已經寫好了。」

兩個人默默地繞球場走了兩圈，高對曾經同在一個雞籠子裡的「雞同伴」（同樣是等待人家宰殺的命運）再叮嚀一次，一切小心謹慎，他抬起頭來，看到先前金光閃爍的太陽已被薄薄的烏雲所遮蓋，對於大夥兒兩年來的經營能發揮到什麼樣的程度，他自己也沒有把握。

兩個監房的「看守長」在十點卅五分相繼吹哨子下「收封」的口令，放封場上三百位政治犯相互揮手，有人是爲難得有三天可以見面、相互安慰的「假期」而告別，有人則是希望對方善自珍重了。

第四章

◆

泰源監獄的紅白鬥爭

第一節　走資派與左傾幼稚病

泰源政治犯監獄（1963~1970年）從來沒有藍與綠的問題，要有，也只有那些生長背景或長期與現實社會相隔離的人，有可能對中華民族存有幻想的「紅帽子」，無可避免的會與比較接近現實社會，從一開始就認定自己是台灣人反對外來中國入侵的「白帽子」台獨政治犯有一些觀念上的反差而已。

如同我們所知，包括紅和白色的政治犯絕大多數都是非常理性，他們清楚知道使用槍殺，監禁，酷刑等種種恐怖手段阻止推動理想的敵人，是一夥以蔣某爲首掛著藍色面具的黑幫勢力。儘管他們彼此可能會是相互競爭的對手，但也會是推動台灣進步不可或缺的夥伴，也就是有這樣的認知，相互之間會有爭辯，更會有互通有無，尤其相互提攜應該只有伙伴之間才有的事。而泰源監獄前後七八年曾經引起討論的人或事。包括紅白雙方，算起來並不多，主張獨立的，應該從蘇東啓與柯旗化排起，當然還有洪文慶（曾任屏東農會總幹事），巫義德（曾表明參與高雄市長選舉）等等可以算出一百多人，但是確實曾經磨擦出火花的，在仁義兩監好像也只有幾起小磨擦而已。而且最劇烈的情況也只停留於「走資派」與「左傾幼稚病」的相互批鬥。

「走資派」與「左傾幼稚病」在當時的社會可能因為中國文化大革命而家喻戶曉。在泰源的政治犯可以說由美國打越戰才開始被轉化為新名詞。

台灣主流社會一般認為美國打越戰，主要聯合自由世界圍堵共產主義的擴張，台灣被共產中國認定為首要解放的對象。如何看待這個問題不會有爭論。但是在泰源監獄就有一些人認定是美國與中國搶奪越南的代理人戰爭。甚至毫無忌憚宣稱只要美國被打趴在越南，中國政府就會開禮賓車舖紅地毯到監獄來迎接共產黨員。

類似言論，聽在新政治犯（絕大多數是台獨案）耳中，會有時空錯亂的感覺。像前述柯老師與巫義德等人，均為教育或社會名流，長年累月一天二十三小時（扣放封時間）與這些人同在一個牢房裡生活，一定會想要給他們分享些社會現實面，總希望能讓他們從瘋狂幻想共產黨解放台灣也解放政治犯的夢想中，走回與全體台灣人共同解決困難與創造幸福的道路上。

特別是大家都是為求社會公平正義而長期蹲苦牢的難友，幾乎都能在苦而彌堅中過著沒有友情，親情與愛情的與世隔絕的苦難中，只因為對世情的認知有別，導致政治立場迥異，加上一連串先有廖文毅回台，再有彭明敏師生的「台灣自救宣言」案及林水泉議員（台北市第一高票當選）等等獨立案，受到國際上以及台灣社會的關心與討論，刺激統治者改革圖存的動機，連監獄管理也從密不通風的黑牢悄悄打開一條細縫，讓受刑人可以透過福利社及檢查官員從社會補充最起碼的生活和精神糧食，包括申請購讀國內外非政治性書刊雜誌以及市售水果和小吃店的菜餚等，卻也因此勾起泰源監獄的另一層面的紅白鬥爭。

本來牢居不分貧富與貴賤，但當台派陸續有人被當成英雄式入獄，反觀紅帽子這邊，卻僅有極少數渴望死前落葉歸根回歸中國而被捕的後輩，看在早他們十幾二十年前爲社會主義理想而坐牢的紅帽子同學眼裡，眞是感慨萬千。

但是最大的差別在坐牢以後的接濟，以我確實知道的三個人爲例：陳智雄❶每月兩千元（約等於當時省府委員月薪，六〇年初大學畢業初職薪是八〇〇元左右），是他從日本被自願回來有關單位給他的生活費。袁錦濤特派每月一千元則是由他坐牢前服務單位（法新社）老闆法國駐台大使館所提供。只有柯老師每月一千元爲基準，視需要而調整，而且完全是由他手創的第一出版社支付，而他也從進入泰源到移監綠洲山莊（綠島），一直在爲自己的新英文法內容做更新工作。

本來受刑人有多少接濟，只有監獄管理方面與當事人才知道，但是監房裡就只有福利社是唯一的消費口，最主要項目就是三餐的加菜金，也就是向小吃部購用的私菜。偏偏自己買的私菜又因爲房間用餐的地方太狹隘而不得不同在一個小圓圈的地板上用餐。有時候甚至出現一桌六個人中就可以分出二到三個不同的階級。❷

當然從KMT開辦政治犯監獄以來，有案可查的受刑人數以萬計，各種階層貧富都有，而有些人會被特別註記爲（走資派）可以說只是犯了那些好鬪之士的忌諱而成爲被鬪的對象。而且像柯老師，他的新英文法，前後三十多個版本，在泰源也每年更新一次，因爲耗費精神和體力，需要寧靜的環境和足夠的營養和體力，這也恰好是那些滿腦子只想要紅要專，智慧和能力又不足以支援他們的野心，也就難怪會讓被批鬥的走資派形容爲「左傾幼稚病」患者。從名稱上就想像得到雙方很可能都會把對方當天敵。

❶陳智雄，1916年出生台灣屏東，早年進入日本國際外語學校，畢業後擔任日本外交官，赴印尼服務。二戰後與多位台籍同袍滯留印尼經商，並協助印尼獨立軍與試圖重新統治印尼的荷蘭政府軍相對抗，一方面也參與總部設在東京的台灣共和國臨時政府廖文毅博士所領導的獨立運動，並被任命爲東南亞巡迴大使，活躍在印尼，馬來西亞，新加坡與日本等地。因爲成功地推動台獨與印，馬，新等東南亞獨立聯盟，並在萬隆會議（1945）與東姑拉曼就職馬國總理慶典上的表現，讓台灣的蔣介石與中國的周恩來同感震驚，極欲去之而後安。使出所有臭步逼使印尼與日本政府雙方合謀達到讓陳智雄被自願返台的目的。因爲繼續邀集同志推動台灣獨立工作而被捕。1963年5月28日被虐

殺。

雖然陳智雄從被捕到被殺都在東所而沒進去泰源監獄，但因爲泰源是中華民國政治犯總部，應該也入籍泰源。

❷ 牢裡生活原來應該都是最平等的地方，尤其是政治黑牢。因爲大家都是爲爭平等，要自由而坐牢。只有在三餐的時候，接濟好的人可以由福利社每餐加菜。雞湯與豬肝湯或熱炒一客十五元，魚湯或炒蔬菜是十元，豬血湯或滷豆干等一盤五元爲最低。當然如果需要超過日常供應的高檔貨，就必須預先訂貨。記得有位王家培（上海人，同濟大學畢業），曾經訂購一客牛尾湯（預定價三百元），但是一直買不到牛尾，一直不能如願。值得一提的是，一個不到十坪大小的押房，住了十幾二十個大男人，又被棉被、書籍等生活必須品佔用一部分空間，還要分別擺二到三桌（十四人以下兩桌，十五人以上三桌），空間限制，使不論有沒有加菜的難友都必須在一起用餐，長年累月，自然會有人衍發出自卑心而成爲階級意識的萌芽。

第二節 時空背景

牢房無歲月，政治感訓監獄徒有形式，受刑（訓）人也只有寫「心得」交差了事，所以本來可以平靜無波過日子，只因爲大家都是來自各地關心政治、愛護鄉土和社會的良心犯，加上世事紛擾，美國打越戰，台灣很自然的成爲美軍休假與補給要角之一，也就成了美、越、中、俄之外的另一個角色。尤其當尼克森找北京要解決戰爭，台灣更擔心會成爲國際角力的犧牲品，從板門店停戰以來，中美華沙會談幾百次，是不是可以從此找到解決的機會？增添無限詭譎與變化的可能，還包括我們自己建立的管道也不斷傳來消息。

其中最令革命志士鼓舞並振奮的起碼，可以舉出三項，包括法國大使館政治參事到泰源接見他的老友袁錦濤（任法新社駐台特派員，報導A．蘇東啓案，B．永字號艦叛亂案而坐牢），所透露台灣當局明顯已經朝脫離中國的道路上前進，以及廖史豪（廖文毅侄兒）輾轉入手的羅斯福夫人和富爾布萊特兩位寫給廖大統領（台獨運動公推）支持台灣的信函。尤其最重要的最後一項，就是彭明敏教授脫困以後從國外寄到監獄的包裹，裝的都是罐頭，但確實表明，非但安全無慮，還可以呼應島內同志的革命宣傳和活動，給監房裡熱血的台灣青年注入一劑強心針。

至於法國外交官接見袁特派的整個故事，是當巴黎跟北京談好建交條件時就發生的，外交官告訴袁特派，雖然還是會繼續按月經濟支援他的生活費，並照顧家庭等，還提到因爲巴黎不承認中國對台灣的主權，而台灣也應允法、台轉型爲某種新關係，以拖待變，等待完整的台法新關係的建立。這被敏感的政治犯認定爲台灣地位終將被改變的證據。

第三節 政治犯集中營的紅白爭議

隨著時空轉變，中華民國在台灣的法律地位也是一變再變，從原本盟軍指定中華民國代爲接收受降，進而趁各國忙於戰後復員，而強行佔領台灣，隨後失棄母國也葬送了大片江山，蔣介石武裝集團退居台灣，但是戰後短暫開放的世界性自由風氣已經讓台灣人開了眼界，透過鄉土文學的尋根，接續民主選舉，讓反對極權統治的浪潮一波接一波，也使老K監禁異議者集中營快速增加獨立建國的生力軍，大大改變原本類似「馬列主義」集中營的角色功能。

當然，要改變，一定要有刺激和反應的過程，既冗長又繁雜，用下列兩個例子應該比較可以有感覺。

其中之一是仁監的嚴勝河與陳庚辛打架的案子。陳同學，前面介紹過，是蘇東啓案四位無期徒刑的一位，與從綠島轉回來泰源的老共諜案嚴「同學」同房，一位是看盡國民黨官僚欺壓百姓，橫征暴斂等惡行惡狀，尤其是全家族兩甲多土地（七千多坪）被以「蓋台肥六廠的重大建設」爲名，強行賤價徵收的受害者。他以追求自由民主，改變自己及台灣社會的生存與發展爲職志，卻碰到一些自認爲連在牢房裡也很努力宣揚共產理想、卻又整天幻想對面的中國會不顧一切來解放台灣的一群悲壯的社會邊緣人。如果只是癡心妄想也可以相安無事，可是他們又狂妄到口不擇言，批評台獨爲「美帝的走狗」，碰到陳同學這樣的火爆浪子，眞是士可忍，孰不可忍。

1969年一年中，嚴、陳兩位因爲言語衝突而幹架的紀錄不知凡幾，光被以監獄管理法處分「釘腳鐐」的，最少就有兩次。（泰源監獄六～七年間押房受刑人最重的處分就是釘腳鐐，其次還有停止接見，發信……等），但就是打打鬧鬧，兩位都是台北縣的年輕人（都只三十出頭），打完就算了，可是雙方後面都還有人會加予關心也是事實。

至於在義監，固然比前述較複雜，但也都在理性的控制之下。監獄從開張之前就把第一房特別裝潢，要當雷震專用房間（裡面有隔間，可以淋浴。牆壁還貼了厚厚的保麗龍）。雖然他都沒到過泰源。蘇東啓來了又走，還把他的同案張茂鐘（跟蘇東啓同時判死刑再改無期）從仁監移過來。但終泰源六年，紅白爭議比較受注意的，要算第六房的紅與白意識爭論。

泰源監獄自始至終，正好是美國打越戰的最高峰，一方面是美軍投入越戰的數量以及雙方人員與戰機折損的數字直線上昇，牢友看報，反應有別應屬正常，但偏偏有人把越共擊落幾架美國戰機就認定是「美帝」敗亡的鐵證，更做出跳躍式的推論，說中國是這一場中美亞洲爭霸的代理人戰爭中最大的勝利者，而且還延伸出北京共產黨政府取代國民黨佔領台灣的日子已經不遠，在政治監獄裡還能堅持理想與資本主義走狗鬥爭的社會主義尖兵，可以坐等新政府（指共產黨）派禮車鋪紅地毯到監獄門口迎接。

類此言論，在台灣社會的某些角落或許也會聽得到。一般人可能一笑置之，但聽在熱愛台灣、堅信台灣人可以獨立出頭天的朋友們的耳裡，無異魔音傳腦。像柯旗化老師就不只一次跟我說：「他們在牢裡一直發表這種謬論，表面上是為無可奈何的命運鼓舞打氣，而眞實的作用卻在恐嚇台灣人。」理智告訴我，他們這種講法是不可能有甚麼大作用，但是從他們（大部分比我資深的政治受難者）在每個房間，或放封散步時間，甚至上課或操場上看電影都有人針對越戰等社會問題找晚進來的人討論，而且討論方式和論點都有很大的相似，更令我不得不相信柯老師所說，這是他們有計畫發起對台獨新潮流的攻防策略。當然我也更深深體會到柯老師住第六房一天二十三小時面對像被掛名為「左傾幼稚病」的楊兮鳳等所造成的困擾。尤其他每天還要為他的《新英文法》改訂版費盡心血，所以我也建議他申請調離第六房，終於調到第七房跟我同房三年多，一直到出了事。

第四節 台灣人的智慧是理性溝通的最大本錢

前面我把義監第六房當作紅白鬪爭的例子，因爲房裡有一位很難得的如假包換的共產黨員身份名叫楊兮鳳，他是古寧頭戰役被捕的中國共軍的小隊長。就因爲他是投降被捕，才沒有被槍斃，因爲當時共產黨的養成教育是要紅要專而可以不要知識與常識，可以不要爸不要娘也不能沒有毛澤東。遺憾的是溫文儒雅、好與人爲善的柯老師，在牢房裡也忙得連放封或睡覺的時間都不夠，還要聽你罵美帝練猾話，柯老師告訴我，起初他也曾經試作溝通，勸他們多讀書報雜誌，但卻惹來一大堆包括走資派、日本人的奴隸、美帝的走狗……等等罵名。

其實大家同樣被國民黨抓到牢裡，我也試著跟楊兮鳳溝通過，但他告訴我說：柯老師已經離譜到連廣播器播出來的話語都認爲是在罵他。應該是雙方都沒有了互信。既然此路不通，就應該另闢蹊徑。因爲問題不只是義監六房的事，同時也是整個政治犯監獄、甚至是整個台灣都有可能碰到的事。我打定主意要以晚輩向紅帽子長輩請益的姿態，找機會分別跟多位前輩作長時間的討論，我不敢奢望能完全改變他們，從來堅持參與國際共產大家庭才是解決台灣問題的最好辦法的理想，轉爲支持台灣獨立建國的目標，但我相信他們能夠充分理解這一代年輕人基於熱愛鄉土所推動的獨立建國運動所揭櫫建立一個民主自由的人間樂土，而不會淪爲美、日的附庸或任何強國的買辦。

沒想到老前輩中竟然會有好幾位主動先來找我「閒聊」。年紀最大、資格（共產黨）最老、在政治犯中頗有人望的西螺同鄉廖清纏前輩跟我一見如故，相互介紹後，知道他是早期留學日本京都大學就加入了國際共產黨成爲台灣支部的成員，也因此在日本監獄坐過29天（特高事件專管參加共黨事務）的犯人。戰後返台也參與新政府的接收工作。後來卻被以「繼續共黨活動」的罪名判刑入獄。我們從雲林的鄉野小事談到全台灣，再到全世界，包括社會問題、經濟環境，再加對台灣前途的看法，很自然的會引用包括民族主義、社會主義或資本主義等等各種認識問題和解決辦法等。

記憶所及，廖前輩大概是1967年才從綠島新生訓導處移監到泰源。來此不久，他就從早他四年前先來的同志口中知道一些我這個小他二十幾歲的鄉親，想知道一些他坐牢十多年來的故鄉情形之外，對於整個台灣社會的變化與發展情形也有不少憧憬。

談話中他從不忌諱對資本家靠剝削勞苦大眾的工作成果來創造自己財富的批評，甚至主動將他在牢獄中整理好的「資本論」的手抄本借給我看。

我非常感謝這一位「隔壁村的鄉賢」對我這麼熱心。我跟他間歇性有過二十次以上的談論，但差不多有一半的時間都針對彼此對問題看法的差異跟解決辦法的不同。

談論中我提起，1960 年初聯合報的王惕吾找台塑的王永慶投資五百萬改建廠房跟購買印報輪轉機，聽說王老闆最大的心願就是要擁有一家大媒體，所以一拍即合，並付出第一期款。當訊息傳到小蔣耳朵，被認爲此事非同小可。馬上親自出馬分別走訪兩位王老闆，當面曉以大「義」。據了解，不准王老闆投資媒體的表面理由是：「企業家不能跨業辦媒體，因企業有媒體，就會爲自家的產品做廣告，對市場上的同類商品造成不公平的競爭。」

這樣的理由當然說服不了王老闆，就像李萬居（時任省議員）的公論報，在沒有任何企業聯盟的情形下，還禁止所有公家機關（或個人）在該報登廣告（或買報紙），甚至連免稅的白報紙配額也被排除在外，所以當下也就意識到「非殖民集團就不能辦報」的被殖民的台灣人的悲哀。（王永慶曾經出資五十億，請一位李教授辦報被婉拒，後又花六至七億投資台灣日報。）

談到國民黨統治集團對台灣人的殖民罪惡眞是罄竹難書。從文化霸凌（包括禁講台語，禁歌、劇、電影等等），壟斷政、經權與位（全國四億五千萬人，台人只有一千四百萬，按此比例開科取士，而事實上中國來台總人數不到二百萬人），還施行土改惡政強搶民地，其中最喪盡天良的惡政就是改用肥料換穀（用水和空氣製成的硫酸亞一斤要換一・六斤稻子），和稻穀抵繳地價稅（一塊稅金要繳二十七．五公斤稻子），把全國農民變農奴。這就是當年全體台灣人共同的經歷，也都能體會到問題的癥結在於外來統治集團對台灣的殖民政策在社會上掀起一股打倒極權統治及掃除阻礙發展的惡政的風潮。

當我與廖前輩溝通的同時，其他的同志當然也都找不同的對象做同樣的工作。平均每人起碼都有幾個對象。我自己除廖前輩外，還有林書揚工程師（麻豆案）、陳永善（筆名陳映眞，喬治高中英文老師）、高鈺鐺醫師，以及陳宣耿省府委員、陳左孤總教官（國防大學）、陳貽穀武官（駐美大使館）、耿顯永「校長」（旗山中學總務主任，同學們戲稱校長）、吳定遠、席長安……等等。

人數雖多，但溝通的辦法可以歸納爲兩類。上述第一類對象主要是台籍早期接受社會主義思想的紅帽子，對於新興的追求台灣全體的生存與發展機會和社會公平正義，尤其大多數台灣人的共同利益做爲最優先目標，是有很好的溝通基礎。

但是第二類絕大多數都是來自中國的新移民，很多人的直覺反應，就是直指新運動是要遂行「狹隘的台灣民族主義」，並進一步推論「在社會主義革命的大洪流，台灣民族主義注定不會成功」。過程中甚至有一位席先生還提醒我：「如果有反對者躲進山林裡打游擊相對抗，又將如何？」我的答案很簡單：我們有誠意讓認同本土價値的，都歡迎共同把台灣經營成地球上最進步、最快樂的繁華美地。但他們也隨時準備迎接任何進步政策的競爭和挑戰。

經過深度和廣泛的溝通，當然會促進相互了解，所以原本偶爾就會發生的相互指責或爭吵，也日趨消沉與安靜。在這種情境之下暴出革命事件，竟然還會有人將他與沉寂已有相當時間的「紅白鬥爭」相掛勾。革命團隊當即展開徹底的清查，並作出三點結論。包括一、基於告密者必死，所以不會有人用此辦法去推動直接或間接的檢舉工作。所以結論的第二點就是交待所有同志，要向提起此事的「紅色」同學作說明，在此還必須說明的是，同時參與消毒的同志還有吳振輝、郭振純、陳光雲、黃聰明與林明永等等。

比之於上述兩點，應該是第三點較有參考價值。因爲在聯絡過程中，就有兩種意見：有人主張先立領導中心或領導人，才能使領導和統御首尾一致。但反對者認爲，所有參與者都以人頭做賭注，只要有一隊（或一個人）贏，就是大家贏，而且如果出了監獄大門就要分八個車隊向各地前進，各隊人員、配備（包括武器）等各種條件都不同，可能的遭遇也會有差別。所以只能授意各隊車主，因人、因地、因時而調整。

也就是大夥的不同主張，使提議人不得不在面臨發動前的兩、三個禮拜向圈外人放消息，目的不外：（一）借消息外洩威脅阻延起事時機，或（二）拉攏新夥伴做爲支持他的本錢，但是眞正的目的仍然成謎，因爲大夥認爲按照原計劃才最完美。

第五節 「官兵」嗆「搶匪」

詳細報告過政治監獄的紅白之爭以後，應該回過頭來說明清楚，爲什麼會將這麼一件原本認爲是政治運動演進中，從階級公平的社會運動過渡到民族獨立的建國運動，必然需要互相磨合所激起的漩渦另列專章的原因。

因爲從筆者以第三人稱用報導方式披露此事以後，受到從監獄的同志到實地參觀過北京西山紀念館的政治與歷史學者等數以幾百次的詢問或質疑，不得已改以第一人稱平鋪直述現身說法，更有當時的民眾日報副刊選擇部分做連載，卻還有那些只知一二者或以訛傳訛，當然免不了也有故意扭曲，爭議恐怕永難止息。

好在今天所有受害者檔案及遺書已經公開，爲了讓烈士們的英勇事蹟能大白於天下，更爲了給加害者反省的機會，才特別把江炳興等被捕到派出所反嗆緝捕司令官幾句證言敘述於後：檔案（民國59年四月十四日(59)欣政(部)3917號）記載江炳興等被緝捕到警局派出所時，因缺安全設備，他當著大批民眾面前大喊「台灣獨立萬歲」，會影響民心士氣。檔案是向國防部及蔣介石所做的報告，雖然只是一句話，當然有十足的證據力。

如果綜合他們的遺書、台獨宣言、未發表的文告，以及唯一活口鄭正成同志的回憶，應該就能更了解整個眞相。

而且檔案記載，爲了圍捕革命志士，當時共動員第十九師、第十師、預五師及憲兵共二萬七千九百三十四人／日，以及會（民）眾、義警、山地青年、民防隊員、後備軍人等三萬四千二百三十三人／日，合計六萬二千一百六十七人／日。

但是根據志士們及參與圍捕的民眾所說，從事件曝露到被捕，經過十二天，可以分成前五天及後七天兩個階段。從第二天起，可能統治者已經發出類似「緊急命令」的新措施，因爲人們可以從人多的街道上，以及車站或市場週邊感覺到比平時忙碌而又明顯緊張的氣氛。等到第二階段，已經從忙碌變爲行色匆匆，很多穿灰色軍服或警察制服的各色人等到處盤問民眾。當然各種傳言也就滿天飛。

從官方與軍警傳出來的說法是：有一批監獄殺人放火的死刑犯殺人搶槍逃亡，要求所有百姓協力搜捕，不論活抓交官或通風密報均有重賞，但如果包庇或資助惡徒者同罪。

相反的還有些平時算是地方上消息比較靈通的鄉民直指是政治犯計劃強搶軍火對抗國民黨事機洩漏而逃亡的事件。所以一開始重金（檔案記載此案共發出金額達幾十萬台幣）誘惑，但很少人受此鼓惑，也才有以下官兵嗆搶匪的一段話。

據轉述：江炳興被捕拘留在派出所內，雖雙手被扣，但腳還可以走動。他聽到外面「賊頭」正跟等待領獎金的協助追捕群眾大放厥詞，誣指他們是殺人放火的惡棍等等不堪入耳的言詞，禁不住衝出來，當著「賊頭」的面大罵：「國民黨強盜集團才是霸占台灣，搶錢，搶人，搶土地的強盜土匪賊娃子……。」隨即被隨行的小兵壓制拖回，但他還是掙扎轉過身看著群眾大喊：「我們是要打倒強盜集團的革命軍，台灣獨立萬歲。」可以說爲台灣發言，拚死命也不放過任何機會。

第五章 ◆ 寂靜的春天

第一節 吃紙的馬桶

馬桶一般只是用來大、小便，在泰源監獄內，也常常用來當洗澡盆。但在特殊的時候，它也成爲消滅證據的地方。

八日中午，大伙房（政治犯廚房，有別於獄方官兵的小伙房）照例吃炒米粉。（可能是因爲處理比加菜簡單吧。）十一點準時開飯，十一點半，押房的朋友們大概都已經用餐完畢在整理餐具了。整棟監房，每天大概都是這個時候最有生氣，今天也不例外，整棟十三個房間充滿了講話、開水的聲音。

但是在義監第七房，今天似有點不同，剛剛吃完米粉，阿德就開始整理書箱了，更把陸軍軍官的嗶嘰呢西褲從行李包中拿出來，還穿上去，又穿好襪子，等大家繞圈圈散步完畢，他就把被墊舖收起來，只拿一條毛毯蓋在身上，同房的人都直覺地想到，他大概是等著要出去，要不然冬天睡午覺還是會把舖蓋舖好的。

押房的吵雜聲慢慢安靜下來了，只有外役在水池邊洗碗盤和聊天的聲音還清晰可聞。忽然，聽到憲兵班長在喝問：「衛兵，什麼事？」隨著他的叫聲，水池邊立刻靜下來。但隱約似可聽到圍牆外有人喊「救命！殺人了！」的聲音。

高金郎正好睡在靠後窗可以看到外邊水池的地方，就爬上洗臉台往外看，他從抽風口聽到碉堡上的衛兵回答說：「打架，不關你們的事。」但是接著，高牆外人聲鼎沸，吵雜聲、腳步聲、還有汽車的喇叭聲，道路上是滿天灰塵。正當高把眼前的一切與監獄革命聯想起來的時候，一聲子彈劃空的聲音呼嘯而過，他知道出事了。

人世間最困難的考驗，大概就是在內心充滿憂患之際卻又不能形之於色，甚至還不得不提起最高度的警覺，隨時應付即將來臨的任何情況。

高站上洗臉台的瞬間，內心感觸很多，他從台上下來，鑽進鋪好的被窩裡。此刻，全房間十二個人似都睜著眼睛，沒有一個人睡得著。很快地，兩位留在外面包水餃的公差被叫進來了，接著是菜圃的外役、監獄外的外役也都關進來了，並由監獄官親自清點人數。另外，生產隊的監獄官聶聯明更氣急敗壞地在追問：有沒有人看到江炳興和謝東榮。

從追問這兩個人的名字就可以知道騷動由此而來，他們把所有外役都關進來，證明外面絕對不只是打架而已。相反的，是計劃在實施過程中爆發出來了，經驗告訴我們，ハタ曾經說過的千方百計要促使獨立派鬧事，希望藉國民黨剷除台獨力量的慘禍，可能不幸就要出現了。

睡在走廊門口的黃總明把頭伸到鐵門下邊的小口往外面看，然後走過去向高輕聲說：「好像很嚴重，所有外役房的門都關了。」

高回答說：「還要看看，如果連晚飯都沒得吃，才眞是嚴重。」

黃走回去躺在自己的位置，高去上廁所（設在房間內地板下的抽水馬桶），尿完以後把手上捏著的一大把碎紙用水沖出去，然後再靜靜地走回鋪位躺下來，卻看到原本穿好西褲和襪子、裹著毛毯的阿德起來脫了西褲，拿了一大袋寫好的稿紙到馬桶裡，邊撕邊沖，整整沖了有二十分鐘之久。另一位難友載家興（憲兵上士，逃往宜蘭山區種香菇，因批評黨官而被捕）曾起來看過他兩次。戴據說是義監副看守長劉國安上士的前輩，有人懷疑他就是監獄管理方面放在第七房的眼線。

時間好像就這樣被凍結了，午睡後也一直沒有像平時吹哨子叫起床的口令，放封更不用想了，只有從空氣中傳來的各房間呀呀唆唆的聲音，可以判斷難友們都自動起來，繼續無窮無盡的另一個半天的工作。儘管誰都想知道，今天中午到底發生了什麼事，但可想而知，沒有任何人可以提供完整的答案，整個監獄靜得像是一座空屋。

直等到四點左右（以太陽的高度做推測），好不容易終於聽到開鐵門的聲音，自從泰源監獄「開業」七年多來，第一次大伙房外役在中午收押，現在又被帶出去做晚飯，想來晚飯還是有得吃，泰源監獄也不會今天就關門大吉了。

晚飯與平時差不多時間開始，從外役口裡傳出：有些受刑人與警衛連合作搞「暴動」，有一個衛兵班長被殺，六位外役攜械逃亡，爲了防止逃亡者回來搶劫受刑人，整個監獄，甚至整個東河鄉，已經完全被封鎖，與外界完全隔絕。

平時奔馳於圍牆外面的汽車很明顯地減少了，轔轔的車聲和隨著汽車過去所揚起的灰塵幾乎都絕跡了，一千公尺以外的山腰，隨風飄送的山地姑娘的悅耳歌聲也像斷了弦似地嘎然而止了，整個山窪好像又回到七、八年前政治犯還沒有搬來這裡時一樣地平靜。

第二節 風化區變死城

晚飯後，先後有兩個人來找高金郎談今天外面發生的事情。

黃總明坐牢已經第九年了，但還是童心未泯。他曾在政工幹校接受四年的完整教育，因此在泰源這個以思想感訓為主的政治監獄裡被認為是有爭議的人物。來泰源不久，他就被調去當外役，可以在附近遊走，除了因為是當時被送來此地的大批政治犯中刑期較短的一個之外，被監方認為「自己人」的因素也是大有關係。他因為長期胃痛，不得不回押房休息。

他的罪名是廖文毅台灣獨立組織派去政工幹校臥底的人，同時他與廖博士的主要合夥人之一的黃紀男，因同姓又同鄉（嘉義朴子），過從甚密，被以同案論罪。

提起他的罪名，早一輩的人即使不曾看到他的眞面目，但因蔣經國曾經借此掀起一場所謂的「愛國自覺運動」，對文武學校開始如火如荼的「交心」和「自白」，清除他所謂的「思想汙染」，一連騷擾了好幾個月。這事對台灣政治民主化或台灣獨立運動發生如何的影響，尚待後人根據事實給予論斷。但黃正是第一位對此提出質疑的人，出獄後他在雲林元長承包電氣工程，以被國民黨多方迫害的身心去面對社會及家庭的壓力，終於在三十多歲的英年時期，胃疾復發不幸去世。

中午發生的事情，黃聰明一直等到晚上下棋的時間才談起，已經遠遠超出他平常的耐性了。他問說：「怎麼會這樣呢？」

高反問：「你是說爲什麼會發生這種事嗎？這不是很簡單嗎？祇要是監獄，這種事會不發生嗎？」

「我是說爲什麼會弄得這樣糟糕？」

「不知道，也許是沒有經驗吧．要把想法用行動表現出來，畢竟還有一段距離。」

「但是連一個人也殺不死，未免太不像軍人了。」

「你以爲殺人容易嗎？不知道你殺過鴨子沒有？我看到有人把鴨子的脖子都切斷了，牠還能到處跑。人的性命雖然很脆弱，但也要殺到要害才成。殺到要害也不見得很快就死。同樣的，一個政權也一樣，老K雖然腐化不堪，要讓它死，還是要有一點學問。」

「你講到那裡去了，我是說他們幹麼要先對付『老芋仔』呢？這些『老芋仔』已經成爲老K的負擔，有的是擺平他們的辦法。我不知道他們的做法或計劃如何，但我不認爲有理由這樣做。」

「像今天這樣的情形，我並不認爲現在是應該檢討此事的時機，何況如你所說，我們並不知道他們眞正的目的是要做什麼?」
「好,那我問你,如果是你,你將怎麼做?」
「我只能告訴你,我自己是最不願殺人的人,但我現在最想知道的是有那些人在做這件事。」
談到這裡,他們還是照例把棋盤拿下來擺開,其實兩個人都沒有心情下棋。往常只要棋盤擺開來,施明德、林華洲、劉松昆等也會過來,但是今天,從中午起施明德就一直在房裡踱方步,劉松昆有一搭沒一搭地跟他閒扯。倒是林華洲耐心地在旁觀棋,等收好棋子之後,才用台語告訴高,共有六個人,仁監四位,包括陳良在內,他還問說,陳良那麼老實,怎麼也會參與此事?
這個問題,高實在不能給他滿意的答覆,高對陳良與對林華洲一樣,是有相當的了解,但是在出事的今天,多談他們會有好處嗎?所以祇好告訴他:「政治上的信念,有時不是可以用常理來判斷的。」
聽高這樣講,他乾脆明白說清楚:「看你每天放封都忙得很,我一直有個問題想問你,他們這樣做到底有什麼目的?」
「大詩人,你不要考我好不好,有些人做事時連自己都搞不懂到底爲什麼,但像這麼

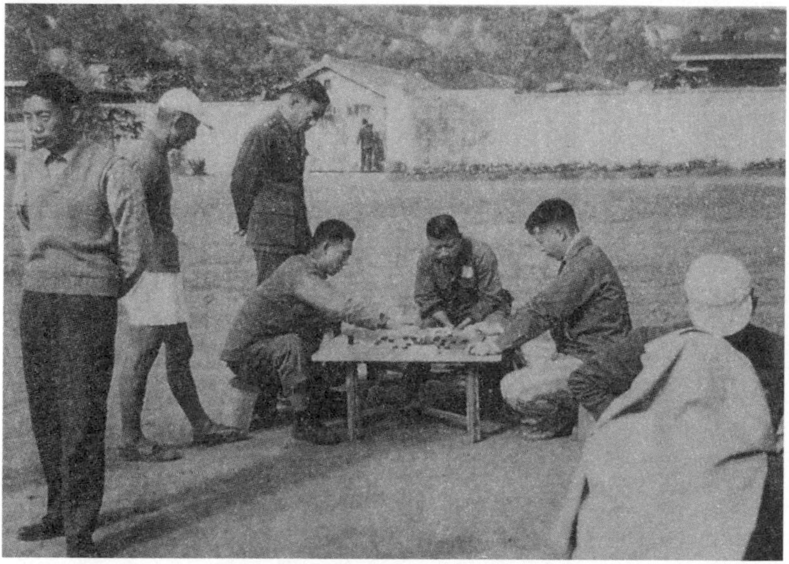

1968.10 象棋賽，陳庚辛與羅賢義對賽

大的一件事，想也知道，當然不是一時氣憤所爲，他們一定是有目的和計劃才對吧！」

「你跟他們熟，你應該知道他們的目的和概念。」

「如果根據事實，我知道的可能比你還少，但如果從常識來判斷，我想應該可以認定他們是在執行類似監獄革命的一項計劃。」

「會有人要跟他們走嗎？」

「你是指犯人還是台灣老百姓？」

「當然要先通過第一關哪，你不能說一下子就佔領烏龜洞（總統府）吧！」

「有多少人，只有等機會來作見證，你是政工出身，列寧不是有句話說，革命份子有時是社會中的菁英，有時也是社會的酵母，常常能起很大的催化作用。」

「但那要目標遠大，方法正確呀！」

「講誰都會講，依他們的說法，目標沒有大過於爲全台灣兩千萬（包括散居在世界各地的台僑）同胞而努力的了，至於方法，見仁見智，我們在旁邊看棋，不也覺得自己的辦法比別人強嗎？社會科學又不是下棋，重新再排一次即可證明。」

「但是有些事情是大家看得到也認得出的，如果目標不被人認同，方法不被人肯定，跟隨的人就不會很多，成功的希望也相對減少。」

「人數多少是相對的，劉邦打天下時，韓信將軍幾十萬不能說多，古巴卡斯楚從美國駕船闖進哈瓦納，共行者一百多人，但上岸以後只有二十三人到達集合地點，也不能算少，再說希特勒成立納粹黨時也不過十多人而已，可見，人數在此種運作上並不是大問題。」

「因爲有人跟我提起，台獨朋友們自己力量不夠，卻又拒絕別人參與，所以才成事不足敗事有餘。我也是爲了關心才問起。我倒更想知道，他們對那些不跟他們走的人會採取什麼動作？」

「談到現在，好像只有這個問題我可以給你明確的答覆，依我猜想，他們是搞革命，一定會爭取任何一分力量和時間去對付那些將危及他們行動的人。至於獄裡的難友們，他們不可能浪費時間於此吧！」

談話到十點左右爲止，納悶、疑問都只留待大家去揣想了。第一個疑問即是：這些人攜械逃亡，會不會在夜裏回來搶劫人犯？很多押房裏的兄弟據說因爲這個問題一連好幾天夜裡都不敢睡覺，豎起耳朵在傾聽。

前三天幾乎一片寂靜，夜裡除了極少數的汽車聲之外，好像只剩下昆蟲和蚯蚓的叫聲。也因爲完全與外面隔絕，使人感覺好像突然墜入深山絕壑中，一下子什麼都變了，變得很陌生很陌生。這段期間，原來的生活程序完全變了調，沒有放封固不用講，也沒有人叫起床，原來每週四寄信和發稿也免了，外役一個個好像突然短了舌頭，言語變少了，使人下意識感覺到暴風雨將來臨之前的沈悶。

終於在第三天夜裡有了動靜，首先是仁義兩監調到圍牆外的外役有好幾位被找去問話，接著是押房裡邊的人，包括莊寬裕、林俊賢、鄭清田、謝發忠、柯旗化等。差不多一個禮拜之後，這些人幾乎全部被隔離在獨居房。押房雖開始放封，但已分單、雙房兩班，每班約只二十分鐘而已。根據五〇年代坐牢的老政治犯描述他們坐牢當初的情景，包括軍監（新店）、和尚廟（警總看守所）和軍法局（青島東路二號），幾乎每天都有人被捉去「打槍」，所以牢裡總感到一股濃烈的肅殺氣息。

自從蘇東啓案把四位判死刑者改判無期徒刑以來，就沒有政治犯再被判死刑了，但是泰源監獄事件發生以後，歷史似乎又要重演，監獄裡的空氣也凝固起來了。

出事後的第一個禮拜天，大伙房中午吃鰱魚，晚飯後每個房間都有三、五個人以上鬧肚子，並且很多人已經連續「加班」了好幾次。這顯然是食物中毒的徵兆，兩個監房廿六個房間，大概每房都有五張左右緊急看病報告單，都是些喜歡吃魚的人。

在以前，緊急看病單出去以後，最慢半個鐘點就會有犯人醫師來看病，但這次起碼經過了一個鐘頭才有反應，並且每個房間只准三個人出去打針，走廊出口一左一右站了兩個人，左邊的拿手電筒，右邊的拿扁擔，作出隨時砍人狀。兩人後面還黑忽忽的站滿了人，半月型地把走廊出口包圍住。

這只是跡象之一，最恐怖的情況是每天晚上十點以後，獄方就會開門找人出去問話，而每叫一個人，不論他是誰，總有一些人必須眼睜睜等他回來才能放心睡覺。

這種恐怖狀況大概維持了三個多禮拜。放封維持一班四十分鐘左右，外役的話語也漸漸多了起來。這時仁監的謝發忠傳過來一句話，他認爲事情不至於太糟糕，但很少有人認爲老K會就此放過。謝發忠說警總的人要偵訊他時，由監獄行政科中校科長丁泉親自到押房來提人，從押房到夜間辦公室所在地，步行約需五、六分鐘，丁科長告誡謝發忠：「知道就說知道，不知道就說不知道，這是性命交關的事情，千萬不要亂說。」並要他得便也跟其他人講一聲。

據判斷，既然要謝也跟其他人講，就不可能只是丁泉個人的意思，而可能是獄方，甚至更高層人士希望不要讓事情擴大，才會有這樣的做法。

謝發忠，台北市人，北市農高級部畢業，後在電影院服務，從影片放映做到電影廣告，入伍後與林明永、邱萬來等同為海軍澧江軍艦充員兵，也一起被控意圖劫艦投奔日本的廖文毅台灣流亡政府而坐牢，到泰源以後不久就調到政治作戰室服牢役，負責監獄電影文宣工作，跑遍了台東、成功、東河各村落。六七年間，大過不犯，小過不斷，一則因為全監上下都知道他老實可靠，但年輕（一九四一年生，出事那年才二十九歲）、好玩，另一方面確實也沒有其他人可以駕御得了監獄那部老舊的放影機，他才能一直擔任此項工作，甚至出事以後，他仍然還能照出任務。監獄管理方面選擇由他來傳訊息，應該不難理解。想到要為台灣人做事，所付出的代價，不禁令人鼻酸。

上述只是監獄圍牆裡邊的情形，也許看了外面的情形以後，就會有更進一步的了解。

第三節　夜襲

中國人的政治特色，就是一人得道，雞犬昇天。黎玉璽從海軍總司令調參謀總長，連政治監獄都換了海軍陸戰隊的老粗來當家，他們對於靈秀的山川和醇美的景色也不能不讚嘆，但是把「風景區」講成「風化區」，似可想像他們的層次有多高了。

馬幼良就任監獄長以後，看到這一帶風景奇佳，就決定要利用這批年輕的政治異議者把它開闢成風景區。它有秀麗的天然資源：青山綠竹和滿山遍野的野生果樹、蘭花，清澈的溪水繞境東流，因水清而得名「清溪」，游魚伴著鱸鰻從兩、三公尺深的石頭縫探出頭來，然後輕快地游向撒在水底的飼料，雅姿清晰可見，還有橘子山上金黃色的柳橙掛滿綠葉，更有五彩繽紛的花蝴蝶在充滿蘭花的氤馨和橘花香味的空中飛舞，即使走遍歐、亞、美、非等世界名川大山，雖不能說沒有可以相比的，但確實沒有任何地方可以像此地感覺到這麼親切、溫暖而又甜蜜。

然而被這位不良馬帶到監獄來當看守的，幾乎都是陸戰隊的老粗，其中一位看守七十多個橘子園「無錢工」外役的麻子班長，就一直把建設風景區的構想講成「風化區」。兄弟們知道他識字不多，在大陸時隨國民黨軍到處流竄，到台灣後又把大部分精力都浪費在風化區的綠燈戶裡，不知糟蹋了多少台灣的女孩子，也難怪他會把風景區講成風化區。這是在此特別提到這件事，用以說明兄弟們把眷村講成風化區的由來。

三年來，馬不良從監牢裡挑出一隊工程人員，由前工兵中校任琰林帶領，除了在大門外蓋了一排眷屬宿舍外，還修了兩條馬路，直通河邊和養豬欄。雖然清溪深達兩、三丈，誰也不敢說攜械逃亡的六位志士，會不會從溪那邊的高山叢林摸黑過來搶人犯，甚至帶大批人馬來劫持眷屬，以要脅國民黨釋放政治受難者？尤其在援軍未到，警衛連又已叛跡昭然之時，更是令人疑慮。

難怪二月八日當天下午，整個監獄的眷村風聲鶴唳，包括住在部落裡與監獄有直接關係的家庭，不論男女老幼，全部強迫住到監獄的大圍牆裡邊和警衛連的營房。然後集合山胞威脅利誘，只要幫忙抓到逃犯就通通有獎，如果膽敢幫忙藏匿或包庇，將以通匪重罪論處。獎金並繼續升高，由十萬新台幣增加到五十萬，創造了民國五十年代懸賞抓人的新天價。

當警備總部副總司令劉玉章來到泰源，已經是第二天了，他的第一道命令就是把監獄四週五十公尺以內的橘子林全部砍光，理由是橘子樹會成爲敵人行動的掩護。（一九八五年南非的白人政府也全面摧毀境內可以被游擊隊利用的樹林，用以阻絕黑人游擊隊的攻勢，世界上不論任何地方都有相同的想法。）而且根據六君子之一的鄭正成所說，他們當天晚上確實曾經摸黑回到監獄來了解情況。

鄭正成說，六兄弟離開泰源後，先到一處本來是山地人行獵落腳的茅屋待下來商量，鄭金河表示：如果越過中央山脈到西部，按地理位置應該是嘉義縣，也就是他與陳良、謝東榮的家；但是江炳興認爲應該到東部海邊，伺機上漁船避往外國，而且他還存有一絲奢望，認爲也許晚上監獄內的兄弟會有所行動，需要他們配合；再說，他們六個彪形大漢拿著兩把長槍，剃著光頭，既非軍又非民，大白天能到那裡呢？所以決定晚上先看個究竟再說。

六個人的心情同樣悲憤，但是所考慮的問題不一定相同，就在等待天黑的時光，做了簡單的安排，萬一情況有變，只好分頭求發展，創造未來共同的命運。

當他們摸黑趕到豬欄對面山上的路口時，只看到高聳的監獄圍牆裡外，探照燈的燈火交熾，碉堡（參看照片）高據在圍牆上，燈光就從碉堡向外照射出來。但不遠處的眷村，卻只是一堆堆的黑影，一直都還算熱鬧的眷屬村，現在什麼也看不到了。

這種情景儘管也是預料中事，但大家難免感到心情沈重。鄭金河表示，應該再摸回豬欄看看，那裡放著一袋花生米，大家帶一包在身上，可以延長在高山野地裡求生存的體力。

在朦朧的月光下，六個人影陸續出現在地瓜園的那一頭，然後以半圓型，間隔差不多

仁義兩監排球賽，高牆上碉堡明顯可見

二、三十公尺的距離，半蹲半跑通過那塊約有八十公尺長的地瓜園，豬欄就在距地瓜園不到三十公尺的香蕉林裡。

可惜，豬欄已今非昔比，鄭金河原來休息的小房間幾乎連牆壁都拆光了，更不要說花生米，連袋子都看不到了，昨天才洗好晾在竹竿上的工作褲也被拋在豬欄外。

面對這種情況，江炳興還不死心，他認爲應該到眷村去看個究竟，而且從橘子林亦可直走到眷村宿舍邊，江說，起義未成，如果能弄套軍服穿在身上，再弄個假證件，逃亡也方便多了。

豈知到時一看，整個眷村除了路燈依舊閃爍之外，兩排房子都門窗緊閉，根本不見人影，就連平時到處跑來跑去的小狗也看不到一隻，「風化區」已經變成死城。隱隱約約，只看到監獄大門外警衛森嚴，而且軍車穿梭不停，經驗告訴他們，顯然已有其他的部隊來增援了。

情況很明朗，在泰源似已不可能有所作為，六個人於是回頭走，但就在他們要涉水渡河時，忽然由道路的兩頭射出兩道強力探照燈光，把河面照射得如同白晝，六個人立刻躍身入河，子彈聲凌空劃過。他們過河後，才發現每個人的褲管都濕了，但已經管不了那麼多了，立即分成三隊，按各自目標往前闖。

情形發展到這種地步，也是原先估計得到的，鄭金河催促同伴上路時，說出一句台灣社會「老大」最純眞又聖潔、看似空洞實則特具深意的箴言——「不論任何情況，也要保留體力和生命來為今天和台灣的歷史做見證。」

江炳興和鄭正成是第二路，他向來很少言語，但此刻衝口而出：「歷史會記載，二月八日是台灣人對抗蔣獨裁過程中最黑暗的一天。」

第二路的目的地是台東太麻里，牢友中有人與該處一家果園的主人是親戚，只要能到那裡，在果園的農具房裡待一段時日，伺機買條漁船外逃，並不是完全沒有機會。

第一路的鄭金河與謝東榮決定往西走，他們已不敢奢望能夠搭乘火車或汽車，只願能夠徒步翻越中央山脈，回北港老家看一下，鄭的兒子建國君當時才十一歲，假使家裡回不去，也可以到學校外面見他一面，然後在台灣山脈打游擊，直到推翻蔣政權爲止。

第三路的陳良與詹天增目的地是花蓮。他們跟山地朋友混得很熟，傍晚時還從藏身的樹葉空隙看到阿良的女朋友在「好望角」（相約見面的老地方，參看地圖）徘徊。

鄭正成兩人與大伙分開以後，直往南走，第二天，他們看到各路口都有軍憲警在巡邏，爲怕被盤查，兩人決定暫時分開比較好應付。但從此一別，再相見時，是阿成被十二個警察圍捕後帶回劉玉章前進指揮所的時候了。江炳興則已先鄭正成兩天被國民黨的「黑衛兵」抓去領獎金了。

六壯士在台東縣內奔馳十來天，東台灣同胞有人知道他們是革命鬥士，紛紛解衣推食，甚至有人因此受累坐牢而無悔，然而亦不乏卑鄙小人，表面虛與委蛇，卻暗中告密。唉，人性啊，人性！

第六章 ◆ 重聽綠島小夜曲

第一節　渡船東移

期望統治者仁慈，到底是善良還是無知？台灣人對自己的感化力，一直抱著過份的信心。

一九七二年四月二十二日，早上放封時，原本被保管的私人物品，包括皮帶、皮鞋、眼鏡和鋼筆之類平時被視爲危險品的東西，都請受刑人各自認領，並拿回房間自行保管。敏感的政治犯同志已有預感，泰源監獄十年滄桑就要劃上休止符了。但又將何去何從呢？牢居無大事，許多人猜測不已。

持樂觀看法的人認爲國民黨受海內外壓力，儘管心不甘情不願，也不能不向民主潮流屈服，釋放政治犯，他們重獲自由將指日可待。抱此想法的人曾經都是國民黨人，包括義監耿顯永「校長」、袁錦濤「特派」。袁一直認爲KMT爲了自己的生存，對政治犯會有選擇性的處理方案。耿校長則屬政治中人，據說是國民黨鬥爭下的犧牲品，坐牢前是旗山中學的教務主任，在泰源監獄擔任受刑人初級班教官多年，是屬於官方消息較多的受刑人之一。同學們爲了尊敬他，都稱他校長。

另一方面，持審愼看法的人認爲，整體遷回綠島的可能性很大，包括幾十位已經坐牢超過二十年的老政治犯都有同樣看法。因爲他們有過幾次類似的經驗，而且，大約在五、六個月前，他們已獲得綠島新監獄已經蓋成的消息。但他們認爲，獄方一定還有後續行動才對。

果然不錯，廿三日下午，生產科王監獄官就把菜圃的帳全部算清楚，每位犯人工的勞作金也都算好入帳，還把帳單給他們簽名。

在這些手續中，牢友免不了都會向對方打聽消息，彼此長久相處，難免有點感情在，加上確實也有某些國民黨軍同情牢犯的遭遇，經過他們的暗示，此後的行蹤，大概已有一個輪廓。

但眞正確知將要移監，是二十四日，上午放封時，憲兵上校監獄長杜驤進來繞一圈，副看守長也交待大家把私人的東西，包括書本、衣物和用具，該丟的丟，非用不可的全部打包，每人只准留下一個洗臉盆和毛巾牙刷隨手攜帶。

下午，照常只有四十分鐘的放封時間，所有的外役都已忙著收拾東西，每人發給一只未用過的飼料袋，快收封時，廚房外役已經挑來十幾桶開水，事態已甚明顯，行動就在今天晚上了。

晚飯後的第一道命令，把洗臉盆等隨身衣物用網子裝好交出去。九點鐘，本來是下口令睡覺的時候，四周卻靜悄悄的，忽然李萬章在對面房鐵窗上呼叫高金郎，高爬上鐵窗，聽到李輕聲說，他看到一大隊憲兵在球場上，高意識到，行動大概就要開始了。

大約過了半個鐘頭，值班的政治班長打開鐵門，喝令十二個受刑人分成兩排，一排走向東邊牆壁，一排向西，都面對牆壁站好，然後進來十二名憲兵，分別站到十二位受刑人後面，雖然聽不到指揮口令，但從他們整齊劃一的動作可以感覺到，他們顯然是看到手勢才一齊動手。

每個受刑人的手都被粗麻繩緊緊綁在背後，這滋味著實不好受，高金郎不由得偏頭看看左右兩邊的朋友，他這一排的六個人中，最少有四位面無表情，好似他們今生今世對國民黨絕對不會存有一絲一毫的幻想和希望。而當繩索繞過手臂與肩上綁在一齊時，忽然聽到耿顯永校長放聲大哭，他轉過頭想看看在另一片牆壁邊的耿校長到底怎麼了，卻被站在他後面的憲兵把頭推回來，只聽到政治班長要那位綑綁校長的憲兵放鬆一點。每個人都全部綁好後，六個人再綁成一串，有經驗的人說這就是「四花大綁」，還有一花，留待上車以後從腰部把人綁在長板凳座椅的靠背上，每個人還要加上一付腳鐐。

從憲兵離開房間到開門叫他們一串串登上軍用大卡車，大概經過兩、三個鐘頭，平時大家各自忙著自己的事，此時雖然都是被綁之身，但卻沒有人對此有過任何咒罵或情緒上的表現；義監第七房的十個人也沒有人提起耿校長剛才的事，高想，應該安慰安慰他，就問耿：

「會不會太緊？」

「不是緊不緊，是我的心碎了，如果不是親身體驗，我眞不敢相信國民黨眞會做出這種絕子絕孫的事情。我這一輩子還沒有受到這種待遇。」

對耿校長的說法，高知道其他十位沒有人會回話，也就不得不繼續說：「這樣的待遇雖然未必是每個人最壞的處境，但我敢相信，這是最後的一次災難，過了今天，以後的日子一定比今天更好過。」

等待本是最難挨，但在一種平靜的氣氛下，心境不同，高金郎並不想去猜測別人在想什麼，他自己則反覆在想兩個問題，一個是國民黨有辦法做到使像耿顯永這樣的人也對它絕望，確實不容易；另一個問題是：今後在台灣島，有沒有可能永遠不再有這種苦難。

大約是廿五日凌晨二、三點之間吧！他們被送上軍用大卡車，不但從腰部被綁在軍車椅背上，另外還用一條大繩子從每個人背部穿起來，綁到車篷上，而且，每部卡車後面都站了六個荷槍實彈的槍兵壓陣。

車隊在晨曦中啓程，同學們最大的希望是早點抵達目的地，可以縮短受苦的時間和程度。但是事與願違，車隊甫出監獄大門就被迫停下，原來以爲是要調整行車順序，可是停下不久，就有一部插著「東安演習第一副指揮」旗的吉甫車來回穿梭，說是某部卡車上飛出一張紙條，指揮中心認爲有「受刑人通風報訊、向外求援」的嫌疑，所以非等到把事情查清楚不可。

高金郎剛好坐在最後面，視線比較寬廣，住泰源監獄將近七年了，第一次在太陽剛出來的時刻於北源村路邊上，嗅取混合著野芭樂花香、露水、野草，還有橘子林的芬芳空氣，多熟悉、親切而又溫馨。雖然臭永仔昨天還叮嚀，出監以後不要回頭看，但他還是敵不過好奇心的驅使，回望監房的景象，只可惜因爲停車的地方是低坡地帶，除了一片高牆和碉堡聳立在橘子林盡頭外，什麼也看不到。

折騰了一兩個鐘頭之後，車隊重新出發，幾十部大卡車浩浩蕩蕩排成一條長蛇陣，每兩部囚車前後必定夾著一卡車槍兵，惟均穿著藍色制服，與同車的憲兵有別，看樣子今天的搬遷行動，動員的兵員恐怕不少。

沿路上不但看到各分歧路口都站滿了軍警，視線所及的地帶也都佈滿槍兵，偶而還有低空飛過的軍機，加上由兩條合字號及東海號小艇母艦聯合組成的艦隊，和水底搜尋的蛙人，這次大概稱得上是國民黨退守台灣以後，僅次於登陸東山島的最龐大「戰役」了。

從車到船，再從船到車，抵達「國防部綠島感訓監獄」門口時，應該是廿五日的傍晚時刻。解開繩子和腳鐐以後，很多人已體力不支而昏倒，高金郎還算不錯，吃完在船上發的一包乾糧，進到被分配的十二房以後，還吃了兩碗麵，倒頭睡覺。生平最艱困的一次旅行，總算告一段落了。

第二節　廖啓川和林達山

廖啓川和林達三是最典型的國民黨錯誤政策下的犧牲品，前者活活被熱死，後者被活埋……

從泰源轉到綠島，又是另外一個世界。

綠島監獄是「X」型的兩層樓建築，爲防止受刑人看到窗外的藍天，採用高而小的玻璃窗戶，並設有紗窗，監獄行政人員認爲，對犯人已經夠好了，但是第一年夏天，卻因此熱死了一個人。

綠島原名叫做火燒島，其炎熱的程度可想而知。在八卦寮將軍岩山腳下蓋監獄，沒有任何抽風機或其他的通風設備，平時有海風還好，中午悶如蒸籠，再加上山腳下暑氣疏散不易，難友們有感紗窗會減弱通風，都暫時將之卸下來，但監獄管理方面懷疑犯人有意藉此與外界聯絡，旋遭禁止。

六月初終究出事了，第一區十四房的一位受刑人廖啓川在一天午後突然昏倒，口吐白沫，有人說是中暑，也有人說是羊癲瘋。室友們救人要緊，先讓他躺好，再請獄卒去請醫生，廖啓川過半個鐘頭後即醒過來，醒來第一句是「想喝水」，事後有位十二房的難友問治療醫官，廖啓川到底是什麼病，他說是「缺氧」。

可憐廖啓川，年已六十二、三，雖不算老，但抵抗力畢竟較弱，碰到火燒島中午常是攝氏卅七、八度的高溫，有風的時候還好，沒有風，簡直悶得跟蒸籠一樣，他羸弱的身體連番受摧殘，在綠島監獄總共被熱昏三次。最後一次，久久未見醒來，臉色逐漸發白，監獄管理方面送他去醫務所，再轉新生訓導處（軍方在綠島的最高單位），終於死在綠島。他因家庭失散，屍體都沒有人認領，更別說是追究責任了。

依綠島慣例，沒有人認領的屍體就葬在綠島公墓，新生訓練營第十三中隊就是此一公墓的主管單位。據指出，新生訓導處鼎盛時期是在一九六一年以前，全營官兵不算，新生共分三大隊，十二個中隊。每一中隊人數隨國民黨的政治冷熱而起伏，不過都是先由看守所過濾，很少有暴漲暴落的情形，一班維持在每中隊八十人到一百三十人之間。

但是只有第十三隊的人數有增無減，而且分官兵或新生（就是受刑人在訓導處的專稱，意思是在國民黨政權下重新做人）。

有一句話從KMT到此就一直流傳著：「犯人卡久也會放，不是親像戴帽仔，永遠是犯人。」意思是說，犯人刑期再長也總有出獄的一天，不像戴帽子的（即當官的，暗諷KMT）永遠是犯人。

可嘆廖啓川竟然落到這個地步。他原來曾任青年黨省黨部書記長，一九六〇年前後還曾經競選南投縣長，在那個年代，只要敢出面競選的人士，沒有不受特別「照顧」的。廖啓川據說就是因爲在競選過程中批評KMT而坐牢。

據了解，國民黨緊急建造綠島監獄而沒有考慮通風設備，以致熱死人，被認爲是獄政人員的錯失之一。在廖啓川死後的那一個夏天，很多炎熱的中午，獄卒都奉命把牢房的鐵門打開半小時左右透透風，證明國民黨確實也知道把人關在房裡熱死，本身就犯了虐待犯人致死的罪名。

廖啓川案以後，管理方面開始想到，把人牢牢鎖在房裡也會出問題，所以就有服牢役的構想。林達三、謝秋臨等開始在圍牆裡邊靠山的一塊空地上種菜。就在那年十月初，連續幾天下大雨，山崩下來衝倒圍牆，林達三當場逃跑不及被活埋。崩山的土石瞬間把菜圃都蓋滿，所幸只到達監房腳下，如果再大一點，最先倒楣的就是住在六區的難友。從這個案例，國民黨草菅人命可見一斑。

蔣氏父子爲了把政治犯關回綠島而蓋綠島監獄，十萬火急，甚至不惜工本購買西德的發電機，但卻不願把水土保持和通風做好。據承辦綠島監獄發電機裝置的某工程師（姑隱其名），談起該發電機之購用細節，造價姑且不談，因為急著裝機，光是從美國僱一架超大型貨機到西德法蘭克福機場把發電機載來台北，從起飛到回到美國原地，每小時四千美金，這一趟就耗費了近一千萬新台幣。在當時的物價，做最完善的通風設備和水土保持，連它的十分之一都用不完。

國民黨滿腦子統治哲學，卻壓根兒沒有環保和衛生觀念，更不要說人權了。如果按照國民黨對待異議者的殘酷和仇視來看，巴不得這些人被活埋，還可以把責任推給「自然災害」。不相信的話，可以參看下節那些被懷疑不肯對國民黨就範的朋友們的遭遇，即可得到證明。

第三節 泰源事件效應——延訓

國民黨隨自己高興，異議份子只要被逮到，要判幾年就判幾年，再稍有懷疑，即使刑期屆滿，還會遭「留訓」，到底有多少人受害，很難估計，以綠島爲例，從泰源移監到那年年底，短短七個月間，刑滿以後又被送到新生訓導處管訓的就有柯旗化、莊寬裕、李萬章、鄭清田、林晚生和賴振福。

柯旗化，師大畢業後曾任旗山中學英文老師，後來改任美軍顧問團的翻譯官和高雄女中老師，與方鳳揚等談論國是，被控叛亂而坐牢，第一次感訓二年，第二次被判十二年，到期以後硬是再留訓二年多。

柯老師被判刑，甚至被留訓，在他自己的紀念詩集中有很詳盡的敘述：

原以爲秋風吹的時候
服完刑期
就可回到妻兒等著的我家

可是美夢已破碎
如今我是一隻工蟻
白天強制勞動
晚上抱著疲憊不堪的軀體
絕望而孤寂地聽著
由高牆外傳來的濤聲
離家時
老大才五歲
老么還抱在妻的懷裡
而後十二年
一直沒見過孩子們
不知情的孩子們依然相信
妻用心良苦的謊言
「爸爸在美國」
親愛的妻

請您原諒
這漫長的歲月
諒必常以淚洗面
我何嘗不知道您的痛苦
只是想到被欺凌的蕃薯同胞
實在無法愛這醜惡的老帝國
由勞動營鐵窗吹進來的
離島的海風刺骨
同伴入睡後
獨自坐在堅硬的木床上
噙著眼淚聽著
一波又一波
拍岸的濤聲

節錄自《綠島的濤聲》——政治犯生活回憶

柯老師是左營出生的旗山人，本土意識強烈，性情耿直，本性中自不能與不公不義的政權合作。他遭到留訓，可能是因爲被懷疑與泰源事件有關。但據了解此案的朋友分析，由於獄方認定即使在牢裡，也要有錢才能「辦事」，而柯老師接濟不錯，是獄方注目的焦點，所以工作同志嚴禁讓他知曉。柯老師如果因此而遭受留訓，被冤枉的成份很大。

與柯老師類似的情況還有莊寬裕、鄭清田和李萬章三人，他們三位在泰源事件偵訊期間，都曾因爲與鄭金河等交往密切而被查問過。

林晚生與賴振福兩位，尤其是林晚生，除了是台灣人之外，簡直找不出延訓的理由。林刑期只有五年，坐牢以後專心學英文，對政治也不是很熱衷，如果硬要找理由，恐怕就是國民黨的統治機器已經犯了對所有台灣青年的疑心症了。

賴振福，台灣宜蘭人，學農出身。因當兵時批評國民黨而被判十年，到泰源後先在喬木隊砍柴，他比較喜歡獨來獨往。一九七〇年十月卅一日，到教誨堂給蔣介石「祝壽」時，用台灣話問他旁邊的難友：「今天禮拜幾？」被站在邊上對台灣話似懂非懂的憲兵班長聽成「今天拜鬼」。雖然當場查問時已經有人爲他證實是問星期幾，但賴某還是逃不了被延訓三年的惡運。泰源事件效應一再擴散，永無了期。

第七章

◆

虎口餘生錄

第一節 鄭正成參加未發生的叛亂案

惟其對台灣的大愛，才會孕育出對台奸的大恨。

鄭正成的判決書上寫的是：「參加原定二月一日舉事的泰源革命事件，因警衛連沒有按照預先約定把機槍、大砲等輜重武器推出武器庫在操場排列，才取消此項計畫。但因被指定負責對付警衛連長，並收編該連組成革命軍，犯意明確，判處有期徒列十五年，另外二月八日因怕上項案情暴露而逃亡，判刑一年，合併執行十五年六個月。」

軍法單位顯然將泰源監獄革命案件分成兩部分，把原本預定演習的日子當做警衛連爲主的革命案件，而二月八日則是暴動與攜械逃亡案。

統治者把此案分開，一方面是國民黨的既定政策：「大案化小」、「小案不提」，以遂行其向國際上宣稱「台灣島內並沒有台獨主張」的陰謀。這一點從林水泉案被割裂爲羅東、黃華、北醫等案，東北亞同盟案被分成施明德、陸官（蔡財源、江炳興）、東海大學（吳俊輝）等案，而廖文毅案被分成許昭榮（赴美接艦）、黃紀男（在台搞組織）、黃聰明（政戰學校滲透）等等不同名目的案件，可以得到印證。

另一方面，本案被刻意割開，據說還有深意。一位一九七〇年參與聯合國人權協會的李教授，案發後曾受該會委託到泰源監獄實地了解，並向該組織做報告；另外有位當時任職美國大使館的魏教授也證實，該大使館確曾爲此案而舉行過會議（因爲兩位目前均活躍於社會上，姑隱其名），可見其端倪。

試問：如果本案按照原來面目呈現在世人面前，暴露出連奉命看守犯人的警衛連官兵竟然也會提供武器、彈藥和自己的寶貴生命給犯人，共同對抗統治者，對統治者經常向外宣稱台灣沒有政治犯，也沒有台獨分子，不就是極大的諷刺？

既然本案絕對隱藏起事者的政治和台獨動機，但警衛連林加生等多人提供槍砲給叛徒，可以資匪論處，是單一死刑罪。證之二十年來他們的行蹤杳然，可斷定廿年前已被殘害。

另外，謝輔導長及士兵們奉命拘捕鄭金河等「判徒」，卻在雙方互道保重後讓他們從容離去，明顯觸犯蔣記王朝的敵前逃亡與縱放敵人罪，兩罪並罰，能保持活命的恐怕不多。

從下節賴在遭遇再對照唯一生還者鄭正成所說當時被偵訊的內容，全案罹難者絕對超過廿五人。鄭正成說辦案人幾次向他提到賴在，他都以「自己從不欠人家錢，何需賴債」作答。他說；「如有一個說錯話，就必死無疑。」

鄭正成說，警衛連的兄弟們根本沒有軍法審判經驗；就是六君子中，雖然鄭金河決心犧牲，包攬了所有責任，但是其他四位因爲完全參與，更沒有像國民黨說謊還要事先打草稿的天才作法，才作伴到另外一個世界。

鄭正成非常推崇鄭金河，說他對各種刑具皆甘之如飴，把己身所受的刑求當做是爲台灣人受苦；而且他還有過人的忍耐力，從二月廿三日在霜雪山（與花蓮交界的海岸山脈）遭追捕的水鬼仔（海軍爆破隊員）偷擊後，被用一號鐵絲捆綁拖下山，到五月三十日殉難時，身體上淤血未散，有些地方潰爛尚未結疤，非但不曾叫屈或喊痛，當他受盡折磨時，還不忘記叮嚀兄弟們，能救一個是一個，多留一個兄弟，台灣就多一分希望。

鄭金河說，台灣米飼台灣人，就像慈母飼囝仔，有良心的人會回饋、維護她，即使那些爲求利益而違背或戕害她的人，台灣也會像慈母一樣的原諒、寬恕他。只有那些存心要欺侮台灣的人，台灣人對他絕對有使用任何手段的權利。鄭金河因對台灣有大愛，對台奸也才有大恨。

鄭正成被判十五年半徒刑，如今已經獲釋出獄，誠如他們中某些人所說，一日踏上革命道路，終生無怨無悔。雖然時代在變、社會也在變、自己更從三十歲滿腔熱血的青年人變成五十出頭的半百老翁，但是依然有永不能終止的責任和義務。本章稍後將會再做交代。

鄭正成

只是這一位碩果僅存的六君子之一，如何在崇山峻嶺中穿透國民黨所佈下的天羅地網，單獨生活了八天八夜的經歷，確實可以提供在現代都市社會生活慣了的人一些難得的經驗。

鄭正成說，逃亡過程中，白天只能一直朝一個方向走，晚上睡樹上，怕追兵、也怕毒蛇、更怕山豬野獸。他說山豬走得慢，在山野小徑上老遠走來會有「沙、沙、沙」的摩擦聲，而獐狸之類是跳躍前進，所以都是「恰、恰、恰」的連串聲。八天中最主要的食物是茅草心和溪水。木瓜、野芭樂或生地瓜等、在深山裡幾乎都看不到。八天中除了前兩天還在部落邊緣外，六天只見到三個人，而且其中兩個還是父子檔。

鄭正成說，山地人非常可愛，父子倆聽說他們爲打倒國民黨而逃亡，竟把他們帶著的一個大飯盒，兩人都只吃一兩口，其他大半盒飯全都留給他吃，並教他如何走才能達到目的地；另外一位青年雖然沒有帶飯，卻把身上僅有的五十元給了他，但囑咐不要把碰到他的事告訴別人

一位專研各國革命學的朋友指出，沙烏地阿拉伯的開國先生領兵征討時，也有斷糧的經驗，卻在浩瀚的沙漠中意外發現棗子樹而解決危機，至今沙國還把棗子樹當國寶，鄭金河等沒有發現任何解決缺糧的辦法，必須找他人幫忙，成爲六位先鋒隊員被捕的最主要因素，令人浩嘆！

鄭正成也就是充分體會吃飯問題的重要性，出獄後在台北近郊開豆漿店。

第二節　賴在的心路歷程

既然普通百姓會因不懂匪諜而被貼上匪諜的標籤，那麼台灣島上難免也會使很多沒有政治慾望的人變成政治犯。

賴在一九四八年出生於嘉義大林，七〇年二月八日任泰源監獄警衛連二等兵，就像相片上所顯示的，是標準的忠厚老實型的台灣青年，固然從小就對國民黨劣跡感到厭惡，但對政治並沒有什麼明顯的好惡，卻因此被判無期徒刑，而且很可能造成「大不孝」，使他至今仍難於忘懷。

賴在說他從很小的時候就聽說國民黨的種種劣蹟，等到進入中學，對於國民黨所講和所做都不相同更起反感，但還只是針對那些高高在上的發號施令者無法諒解而已。因為身邊左鄰右舍，還有老師同學，有很多也是國民黨人，他們中間作威作福的情況雖不敢說沒有，然而也沒惡劣到公然施暴的地步。

但到了軍中，變得眞不得了，不但名符其實的黨務掛帥，而且都是那些「臭番薯仔在衝掛掛」。凡是沾到「黨」邊的，特別假優先，不要出操，伙食委員一定有份，新兵訓練時可以假借任何名堂回家「出公差」，而且為隊職官出點子賺錢的時候，他們也可以從中取利。

舉例來說，因營外整齊儀容的要求，每位新兵都要買皮箱，否則就不准攜帶不同形狀的皮箱外出。皮箱由軍方統一供應，在嚴格要求軍紀的訓練下，誰也不敢有疑問，但是製造工廠有一天會把底價講出來，起碼也會比市價貴兩、三成。

其實黨員最討人厭的要算打小報告了。訓練中心每天上課或出操，間或打野外訓練，雖然單調，但是不失單純，加上忙碌，大家的期望是早日結束訓練課程。黨員在單位上就像池塘裡的「花身仔」魚，所到之處必然攪混了一池水，四處竊聽人家的對話，然後斷章取義，打小報告，在同伴間製造問題和猜疑；還有不知是誰發明的，名之為「榮譽團結會」，其實是專門對付異己的鬥爭會，使向來不曉得鬥爭為何物的農村青年，身心都不得安寧。

好不容易挨過七七四十九天的「中坑子」訓練中心，被分發到台東泰源感訓監獄警衛連，執行衛兵勤務。他原來不知道此處即是政治犯集中所，祇聽隊職官一再重複：圍牆裡邊關著的都是「匪諜」，三令五申絕對禁止與「匪諜」有所接觸，更不要說相往來了，並且列舉一些曾經給「匪諜」代為寄信，被郵電檢查單位查獲而被追究責任判刑的例子。

賴在心想，匪諜跟自己八竿子打不上，事不關己，連管都懶得去管他，反倒是對於「匪諜」這個名詞，在他心裡起了一點作用，因為自從懂事以來，匪諜這個名詞不知聽過多少遍了，就是從不曾目睹過，不論是誰，談到匪諜都幾乎是神祕兮兮的，大熱天也裹著大衣、戴著墨鏡，皮包也是必然的道具之一，聽說那裡邊除了鈔票之外，還可以裝收發報機和手槍之類的東西，在台灣社會上可說可遇不可求，這裡聽說關了好幾百個，確實不可思議。最後他如何不可思議地被以「與匪諜共謀做內應」變成了國民黨口中的「匪諜」，還有他慘遭國民黨「電刑」而不能生育的事實，請看以下的訪問記要。

⊙賴在訪問記（一九九〇年六月廿一日於台北福華飯店）

問：賴先生一九七〇年二月八日是國防部泰源感訓監獄警衛連的士兵，而且因為該次革命事件，你也被判處無期徒刑，可否請問你在那次事件裡做了什麼事嗎？

答：沒有啊！我什麼事也沒有做。

問：那軍法處怎麼判你無期徒刑呢？你有沒有為那一次事件坐過牢呢？

答：有。整整坐了十五年四個多月。

問：判無期徒刑吧！

答：沒錯。

賴在

問：那你眞的什麼都沒有做嗎？又怎麼判你呢？你的判決書還在嗎？

答：判決書只是給我看一下，叫我簽字就又收回去了。

問：有沒有寫判決理由，你記得嗎？起碼在法庭上會問你很多話，他們怎麼問你的呢？

答：理由說我做內應。說鄭金河來收編警衛連時，我在弟兄之中做內應。意思是說我與鄭合作，讓部隊聽鄭金河和江炳興他們指揮。

問：那你在他們行動的過程中有沒有任何表現，包括做什麼事或講什麼話？

答：因爲過年前我就放假回家，出事那天我根本不在營房。

問：他們問你的時候，你沒有告訴他們嗎？

答：告訴問案的人是嗎？當然講了，他們也知道，但他們從不相信，說我一定躲在那裡，等事情出來以後再回來，所以後來我乾脆就什麼也不講。

問：你不講，那他們怎麼辦呢？

答：他們說要把我吊起來打。

問：真的把你吊起來？

答：吊起來算什麼呀！你看到人背過冰沒有？很多人被惡作劇的朋友在脖子上放個冰塊就不得了，我還背大冰塊。

問：怎麼背法呢？

答：兩個大冰塊，用繩子綁起來，一前一後掛在脖子上。

問：你有沒有穿衣服呢？

答：背冰的時候沒有，原來還穿汗衫。

問：那時不是冬天嗎？

答：也不算冬天啦，四月底五月初了，天氣並不會冷，而且是在室內。

問：感覺怎樣呢？會不會有酸或痛的感覺？

答：那種感覺是難以形容的，尤其是五臟六腑，好像全部要換位置，幾下子叫你吐得稀里嘩啦，連膽汁都得吐出來給他看。

（談到這裡，我拿起放在面前的熱咖啡，示意他喝一口以緩和情緒。等稍微平靜後再繼續未完的話題。）

問：他們可是什麼事都做得出來，還有什麼更惡毒的沒有？

答：你慢慢聽嘛！電擊你聽過嗎？哼！我很想不要再去想它，可是又怎麼可能呢？

問：我應該可以了解你的感受，但我還是不懂你為什麼不能把它忘記。

答：我回來正好滿五年，結婚也近三年了，你知道我就是因為遭受電擊而不能生育嗎？我……我……

（講到這裡，他喉嚨為之哽塞，我不自覺地伸手握住他的手。我掏出手帕要給他，但他用另一隻手拿張面紙擤了一下鼻涕。）

問：我本來的意思是說，既然留著一條命回來，而且現在也活得好好的，何必再為過去的傷心事而耿耿於懷。沒想到你還有這樣一段，積壓了二十年，也許講出來會更好過一點，不過我不知道你是否願意把它公開出來。

答：容忍國民黨做壞事就是欺騙社會，讓執行公權力者能在暗室裡施暴，就是在為這個社會、也有可能是自己人，甚至是給自己在種禍根，所以不是我願不願意把它公開出來的問題，而是如何才能把它公開出來，包括會不會因爲把它公開出來使你受到連累的問題。

問：我不敢說絕對不會，但是現在已經解嚴了，情況應該有所改變才對。不過如果眞因此而遭受迫害，我只希望這個社會還有人會去同情被迫害的人就好了。所以我們現在最要緊的事情，就是趕快讓這段史實與社會見面。

答：可是我又能做什麼呢？

問：好兄弟，你已經做得太多了，你用你的身體去承擔統治者的凌虐，還不夠嗎？只要把你的經歷詳詳細細講出來讓人家了解，就可以告慰吾土與吾民了。

答：那還有什麼問題？

問：你願意再談一下被電擊的情形嗎？這可能是國民黨特務的新發明，我跟很多人談過，他們受到針挑指甲，圈拉包皮（金門金沙鎮長張榮強案），灌辣椒水，馬尾穿奶頭（對女性受刑人），用牙刷刷陰阜，電擊這是第一次。

答：很簡單呀！不曉得從哪裡接來的兩根電線，在兩條腿上這樣一按就是了。就是這樣子。

（說著他模仿一下讓我拍照，就是下面這張照片。）

問：電下去有什麼感覺？

答：全身麻木，也立即癱軟下去，而且……而且屁滾尿流，大小便都……。

問：失禁了。眞是慘絕人寰，只一次還是幾次呢？

答：兩次。前後隔一天。

問：你說就是因爲電擊才不能生育，你怎麼知道的呢？是因爲結婚三年尚未生育而推想的嗎？

（談到這裡，他又泣不成聲，對此問題只是搖頭作答。）

問：去給醫生檢查過嗎？

答：（先是點頭，但接著說）結婚前去檢查的，

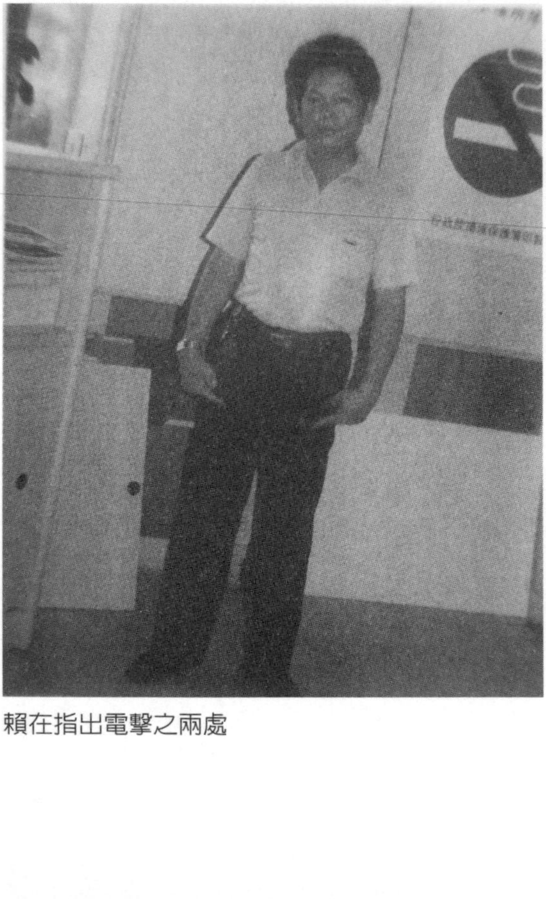

賴在指出電擊之兩處

醫生說精蟲全被電死了，但並不是絕對沒有希望，他要我去找中醫看看有沒有辦法。

問：你看過中醫沒有？

答：沒有。我現在上兩個班，每天工作近十六個小時，哪還有時間去處理這個事情呢？

問：但是不趁著現在還年輕，以後恐怕會更難。你現在幾歲了？

答：我是一九四八年四月二十日生的，你算吧！

問：他們這樣對待你，其實是犯法的，這叫凌虐犯人罪，他們也許不知道，也許知道而不怕。他們可能認定你已必死無疑，這一輩子沒有機會告他們，這些我們不管它，我想他們這樣對付你，一定是要逼你告訴他們一些甚麼事情吧？他們一直迷信嚴刑可以逼供。

答：我也不知道，只是他們一直追問我，到底誰叫我混到監獄來當警衛，聽誰的命令在做叛國工作，跟誰聯絡，還有過年放假回家是否受誰指使去做聯絡工作等。

問：你怎麼講呢？

答：我確實未曾參與什麼計劃，如果有，就不會在出事當天放假回家，甚至連林加生，我都沒有跟他們談過任何對抗外省人的事情。

問：林加生是誰？你知道他參加了監獄裡邊對抗外省人的計劃嗎？

答：林加生是朴子人，跟我一起入伍受訓，也是我在泰源監獄警衛連的同袍。在我們一伙中，我與他走得比較近，因爲同樣是嘉義縣的嘛！我確定他有參與，因爲他就是把槍交給鄭金河的一個，如果不知道又怎麼可能呢？

問：從這一點看是有可能，但你不是說坐牢以後就再也沒看到了嗎？還有你說他們，除了林加生以外，還有些什麼人嗎？

答：這也不難解釋，他們六個人（指鄭正成等），我也從未再看到，都被隔離了。何況事出以後，我們全連被移往高樹時，我看到他們三個人被關在禁閉室，而且都帶腳鐐。

問：你那時還沒有被關起來是嗎？那你被關起來以後有沒有帶腳鐐呢？

答：從那裡被送到台北青島東路的保安處來，我在偵訊時都沒帶過腳鐐，這也不見得說我的罪比他們輕，說不定是腳鐐不夠用。

問：你背冰塊和被電擊的事全都是在保安處發生的嗎？你還記不記得是誰施刑的？

答：我記得很清楚，但是他們都穿便衣，而且幾個小時一班，一天輪了好幾班，尤其到後來，我根本不知道是白天還是晚上，幾天幾夜都不得睡覺，讓我回房裡，不到十分鐘就再出來。

問：反覆問同樣的問題嗎？

答：也不盡然，時間已太久了，他們好像對很多事都很有興趣。

問：包括你與林加生、鄭金河說過的話和做過的事了？

答：是不錯，但好像更加廣泛，包括同學、老師、朋友、親戚、兄弟，還有其他任何認識的人都不放過。

問：你跟鄭金河他們是怎麼認識的呢？

答：這還不簡單，豬欄就在香蕉園中，而且一有空，不論是游泳、釣魚或採野芭樂，很自然就在一起。

問：你知道他們是反國民黨的台獨份子嗎？

答：當時什麼是台獨，我確實並不很清楚，但對國民黨，哪個不在背後「幹公埑媽」？除了政治戰士之外，台灣兵沒有不反的。

問：現在有人發起向國民黨索賠，你願不願意參加？

答：我也注意到那些退伍軍人，還有當了一輩子的立委老頭臨走還要公開勒索一筆，像我們這種被國民黨壓得躲在社會最黑暗的角落，一輩子見不得陽光的人，他臨死還不肯鬆手，像我這樣急需一筆經費醫好我的病，錢對我固然重要，但我還是認爲一定要討回公道最要緊。所以我想儘可能去參加，一方面是關心此事狀況，另一方面也想跟成仔（鄭正成）好好聊一聊，到底林加生他們怎麼了，出來五年多，我去過朴子三次，就是問不出來他到底是死還是活？

問：在泰源你們就很熟吧？

答：跟親兄弟一樣。

問：你會不會怪他們？

答：國民黨我都不怪，我還怪他們做什麼呢？

第三節　九份子母子會

國民黨政府近年對受刑人推出一句「刑期無刑」的新口號，但對政治異議者向來就是酷刑與濫罰，連七十歲的瞎眼老婆子也不放過。

詹天增是金瓜石的礦村子弟，父親早逝，與寡母相依爲命。因此入獄以後，還一直爲母親必須幫人洗衣作飯維持生計慨嘆不已，絲毫未減其孝敬之心。

一九六八年某月，他知悉泰源難友吳鐘靈即將出獄，輾轉懇求吳某出獄後代爲照顧母親生計，他願來生結草銜環以報。吳鐘靈當時頗受他的孝心所感動，事後才知道，詹烈士此時應已參加革命計畫，決心爲國犧牲了。

（左起）鄭清田、謝東隆、詹母、鄭正成、高金郎

吳鐘靈夫婦與詹母

吳鐘靈表示，他於一九六九年出獄後，那個時候國民黨特務根本不允許有人探望和救助政治受難者家屬，所以他以秘密方式探訪詹天增所寫在金瓜石的地址。據鄰居說，詹母在基隆給人幫傭，一、兩個月才回家打掃和祭拜祖先一次。

泰源事件發生，詹烈士成仁的消息傳抵詹家，詹母痛不欲生，日夜痛哭而雙目失明，但她也不在乎，認為愛子既死，自己在世上也已失去意義。

雖然吳鐘靈夫婦一直盡力從物質和精神上安慰她，把她接到永和的家中住，並送她到台北最有名的林眼科治療，但不幸被認定是永遠失明了。她因

鄭正成與詹母擁抱對哭

爲怕太麻煩吳家而堅持自己一個人回瑞芳住。她說，不只未能幫別人做事，反而連上廁所都要煩別人，怎麼也住不下去。

為了詹母的生活，多虧吳鐘靈夫婦爲她買冰箱、交電費，十天、八天給她補充食物，雖然也有其他兄弟來看她，但如果能請她到台北住，還是比較放心。爲此，成仔和阿田決定正式認她爲乾媽，輪流迎接到家奉養。

一九八九年二月九日上午八點，鄭正成、鄭清田、高金郎、吳鐘靈、莊寬裕就到吳興街謝東隆家。那天是過年初四，本來約好到詹天增家，到謝家向謝母請安也是既定行程之一。

謝東隆是本書主角之一謝東榮烈士的哥哥，自從東榮殉難後，謝母就完全由東隆夫婦奉養。夫婦倆克盡孝道，並將大兒子過繼給東榮，減去不少謝母喪兒的悲痛。更難得的是他行有餘力，還幫忙照顧其他遺屬。今天他也講好一齊去「搬請」詹母來台北。

八點正按謝家門鈴，謝太太來應門，請大家一齊吃完早餐再起程。看到謝媽已從裡邊出來，兄弟們一齊向她鞠躬請安，並魚貫入內。吳鐘靈將預先帶著的蛋糕交給謝太太，告訴她是特別給謝媽「添福壽」，才蒙收下。

五位兄弟與謝家三代共坐一席，可以感受到一家和樂的氣氛，但也掩不住對東榮的懷念，尤其當東隆提到把大兒子過繼給謝東榮時，謝媽手摸孫兒的頭，泫然欲泣，大家馬上靜默下來，爲死難的兄弟默哀。

早餐後，六人分乘兩部車，直奔瑞芳金瓜石詹天增家。十點半左右抵達石山里的大馬路，要到位於五號路一〇一號的詹家，還要穿越幾條崎嶇不平的山坡小徑，途中在一家金紙店買了「金、香、燭、貢末」等祭奠用品。

一行人跟著吳鐘靈拐彎抹角走了幾分鐘，終於來到小屋門口，看到詹母還是坐在掛著詹天增遺像的牆邊。詹母也感覺有人到來，可是因爲眼睛失明，不知是何許人，顯出有點錯愕的表情。吳鐘靈先開口：

「老兄嫂，阮來看你啦！」

「吳先生，你們夫妻對我太好啦！過年前太太才來，並帶來很多東西，剛才我還以爲又是警察局來調查的人呢！」

「他們又來了嗎？我不是要你告訴他們，兒子都被他們害死了，剩下你老婆子又能對他們怎麼樣呢？不放過你，對他們有好處嗎？如果還要囉嗦，就用掃把把他趕出去。」

「我是講過了，他們說是關心我，爲我好，問我需要幫什麼忙儘管講，當然也問我有誰來過，還有誰在幫我？」

「你不問他，爲什麼你替人家幫傭二十幾年後才問你要不要幫忙？我們今天來的，阿田和成仔都是天增的朋友，成仔和天增一直『鬥陣』到他們害死天增那一天，今天，他們兩個都要認你做媽媽，要搬請你去他家讓他奉養，他們會像天增一樣孝順你，如果以後還有人來囉嗦，你就告訴它們是兒子們在供養你好了。」

「我知道你們都對我很好，我也很高興阿增的朋友來認我做老母，我不去台北住，是因爲我去了會增加你們的困擾，阿田早就叫我去住，但是它們夫妻倆個都要上班，我想成仔也一樣，我不去住，是現在自己還可以，我也不會客氣，我幾次住吳先生家，他們子女都長大了，又孝順，夫妻兩人都很好。眞到沒辦法，我還是會去，今天就不要了。」

兄弟們聽了以後莫不搖頭嘆息，鄭清田和鄭正成點燃線香敬告天地祖宗及天增後，就在天增遺像前跪拜詹母。詹母伸手扶起成仔時，禁不住放聲大哭。（參看照片）

詹母於八九年五月準備接受尤清縣長母親節表揚，於五月十四日突然腦溢血不治，享年七十有二，天增的朋友們曾在義光教會爲她舉辦追禱會，爲她與死難的兄弟祝福祈安。

第八章 ◆ 烈士遺言

第一節　革命志士的共同心願

一九七〇年二月廿三日黃昏，鄭金河逃亡到花蓮與台東交界的霜雪山，在山徑中碰到一位年輕人，誠邀鄭到他家吃晚飯，因爲天氣太冷，年輕人提議喝酒禦寒，鄭金河根本沒有想到在山腳裡還會碰到國民黨的海軍蛙人隊員，更想不到三杯下肚就昏昏大睡！醒來後全身已經被一號鐵絲牢牢綑綁住。

鄭金河被捕，結束了泰源六志士的逃亡行程。他們先被集中到台東縣警察局，等謝東榮和鄭金河被押到泰源某處石頭縫中起回兩支槍以後，又集體被送往警備總部安坑看守所。

據鄭正成回憶，送回安坑以後，因爲怕他們串供或逃亡，六個人分別被關在六個獨居房，同時也隔絕了與家人、親友的通訊和聯絡。據謝東榮的哥哥謝東隆指出，他弟弟出事以後，因爲從來沒有那麼久未與家裡聯絡，他曾經到台東要求會面，泰源監獄方面告訴他，人已送往台北，再問就什麼也不講了。一直等到執刑前，才從團管區獲知，謝東榮已被拘禁在警備總部。

據鄭正成指出，行刑的確切日期雖然記不得是那一天，但確定是五月最後一個星期。他們送到那裡總共沒超過一百天，六個人各住一房，規定和防範都非常嚴密，然而，他們相互之問，除了互相關懷和安慰之外，共同關心的話題都圍繞在對台灣前途的寄望。

在偵訊過程中，不論法庭內或法庭外，包括主審法官在內，對一卷使用台灣話、英語，和北京話三種不同語言播放的錄音帶倍感興趣，轉彎抹角都想打聽到底如何錄製，以及何人執筆。

據了解，這卷錄音帶係從江炳興休息的福利社洗衣部搜得，一切責任乃由江承擔，但他們不相信是出自江炳興個人手筆，因爲即使寫得出「宣言」，要把英文講得抑揚頓挫，也不是易事。但可能因爲蔣經國在四月底訪美時被黃文雄與鄭自才開了兩槍而想快速結案，也可能是政策性決定不宜誅連太廣，此案總算就此打住。

另外前面已經說過，泰源革命軍一開始就是多個團體集合而成的集體領導方式。做此決定的兩項考慮，一則基於所有參與者如果輸給國民黨，都將只有一條死路。另外要如何戰贏的方法和策略，只有憑各自的能耐和機運，以及經驗。所以八個梯隊中，最少就有四隊的領隊準備好四份各不相同的台灣獨立宣言，以便在各自認可的時點發表。

上述被搜出來的錄音帶，有可能是江炳興版本請外面的人錄製，因爲犯人朋友中確實不缺人才，但就沒有設備和材料，更找不出錄音的場所和機會。當然也有另一個可能，就是坐

泰源烈士 20 週年追祭

牢還可以生孩子的施同學，他會把宣言稿寫好，請家屬帶出監獄，錄製完再轉交給外役保管。只可惜原作可能就在事發當天被撕毀沖進馬桶而永遠不能與世人見面。其餘三個版本，包括筆者原書收錄的一份之外，還有署名「台灣獨立革命軍軍部發行」的版本，以及第八隊領隊郭振純所製作的「台灣獨立宣言」，原作爲日文，應該是以年紀較大者以及日本鄰國爲主要對象。

以上兩份宣言（包括一份漢譯本）與烈士遺言收錄於本書附錄中，以供參考。

此案結束以後的第二十年，一批泰源監獄同學商請關心政治犯的長老教會義光教會協助辦理一場追禱會，由火燒島難友會會長吳鐘靈及柯旗化老師等代表說明泰源監獄事件始末，使教友、難友及親屬們哽咽啜泣不已。

第二節 台灣獨立宣言（高金郎執筆）

吾等軍民一體，用扁鑽突擊國民黨的搶桿子，主要目的在向世人宣告：台灣人有權利、有能力、更有勇氣在這個美麗島上建立一個健康、富裕，尤其是進步、友好的台灣民主共和國。

台灣人忠厚被人欺，委曲求全四百年，所得的教訓是：寧可與國民黨相玉碎，也不能容忍外來勢力的繼續統治。所以吾等在此時此地宣佈台灣要獨立自主，徹底反對所有對台灣的鎮壓、欺凌、蹂躪和剝削。外來勢力主要靠特務和軍警鎮壓，我們在此要特別說明：軍警再多，多不過百姓和學生；槍砲再猛，也敵不過老百姓對貪得無饜的外來政權的怒火。

國人先震懾於征服者的殘暴，再惑於中國十億人口的恫嚇，遲遲不敢舉起獨立的大旗。其實，十億中國人絕對無權，而且也阻止不了兩千萬台灣人爲求生存、謀幸福的建國努力。

今天台灣青年決定對獨裁者開砲，因爲搶救台灣的時日已經不多，長痛不如短痛。但我們也懷疑，國民黨在心膽俱寒之時，反動勢力可能作困獸之鬥，所以我們要特別提醒台灣人，防範敵人重施二十三年前二二八事變的欺騙與屠殺的伎倆，因此緊急籲請全民匯集智慧、能力，共同爲及早建立一個可大可久的世界樂園之國而努力。

兩千萬同胞不嫌多，三萬五千平方公里也不嫌小，因爲我們有能力和條件創造出世界最高的個人所得，更有信心和決心可以發展出高貴的科技和超級的醫療技術，爲世界人類而服務。

以此與包括中、日、美、蘇等世界強國及鄰近國家和平相交，積極參與並主動促進世界五十億人口的福利，願世界人類亦能待我兩千萬同胞以平等之道。尤其對中國，我們堅持獨立自主的精神和意志，但友善才能建立可長可久的、相互依賴的兩岸關係。

願我列祖列宗保佑斯土永遠美好和芬芳，也保佑斯民永遠團結和幸福。

第三節 路邊魂與英雄塚

一九九〇年十一月四日，台灣農權總會爲李江海、邱鴻泳等五二〇坐牢英雄舉辦歡迎餐會，泰源老友吳鐘靈、林光庸、莊寬裕、高金郎等恭逢盛會。會後，一行人轉往虎尾東屯里陳良烈士墓前祭拜，並訪問陳家兄弟，了解烈士殉難前的英勇事蹟。

陳家昆仲三人，陳良居中，長兄陳龍福與三男陳老定，耕讀爲業，偶而也兼做農產品買賣。大哥已經六十多歲，以照顧家園爲主要工作。

四日下午抵達陳家已近三點，因是星期假日，兄弟倆均在家，聽說是陳良生前好友相訪，起先還有點猶疑，等談起殉難前後細節，陳家兄弟氣憤塡膺，馬上把時空拉回到二十年前。

一九七〇年泰源出事以後，常有不曉得從哪裡來的「朋友」在陳家附近逡巡終日，偶而也會登門造訪。據他們說，阿良在泰源打死人逃走了，家人迷惑難解，又不知如何是好。於是兩兄弟相偕到泰源要求會面，但獄方說，已將陳良轉送他處，繼續追問，也得不到任何答案。兩兄弟在泰源乾著急三天，最後頹然而返。

直到五月下旬，家裏才接到阿良從警備總部安坑看守所寄回來的信，簡單幾個字，僅要他們兄弟去面會。焦慮等待了三個月的謎底終於解開了。

第二天，他們趕到看守所，經過了繁複的登記、申請和等候之後，才被引到一間特別設計的會客室，兩兄弟隔著玻璃板，眼巴巴地望著昏暗走廊的盡頭，盼待阿良出現的身影。

雖然衹等了二十多分鐘，但感覺已過了很久。當阿良的瘦高個子出現在他們視線之前，兩兄弟的心立刻往下沉，因爲他從來就沒有那樣瘦過，而且腳上還被釘了腳鐐，臉色也顯得特別蒼白，雖然還是向來的堅毅神情，但一貫爽朗的笑容裏卻混合著一絲蒼涼的神色。

兩兄弟有一大堆話要問，但帶他們進入會客室的班長說要利用電話筒，而且說要等對方拿起聽筒以後才聽得到，衹好耐心等阿良一手提著褲管、一手拉起腳鐐上的鐵鍊，一步步走到玻璃板對面拿起聽筒以後才講話。但當拿起聽筒，只問了一聲：「你……」就講不出話來，好像太多的話一齊湧到喉嚨，而把聲帶塞住了。衹聽話筒那邊傳來阿良強作平靜的聲音，說：「我已經判刑了，正在上訴中，大概沒有什麼希望，媽媽她老人家只好請兩位代爲孝敬了。」

阿良好像還有很多牽掛，不斷問起家裡的大小事情，包括大人和小孩，還有田裏種的花生，以及花生生意。聲音也一直沒有很高。

半個鐘頭很快就過去了。陳家兄弟懷著忐忑的心情北上，帶回來的還是滿懷疑團，爲什麼阿良不談案情，而且還拒絕爲他聘請律師呢？八年前他參與轟動國內外的蘇東啓台獨案，都沒有這樣嚴重啊？懷疑歸懷疑，八十多歲的老母還是要交代，只好暫時告訴老人家，阿良又回到看守所了。

過不了一個禮拜，管區就來通知，要他們去台北殯儀館領屍了。他們趕到台北，親眼目睹五個屍體被裝在一個大塑膠桶內，冷凍冰塊溶解了，血肉模糊一團。

阿良身中七槍，七個彈孔之外，還多了一道刺刀割斷心脈的長長傷口。據說是因爲連開七槍之後，阿良還沒斷氣，再補一刀所致。

陳龍福領回屍體之後，依鄉下人的慣例，凡是斷氣的人，都不能進入村子裡邊，而要把屍體停放在村子外的路邊上。屍體放在外邊，既怕貓狗，又怕下雨，偏偏天氣又熱，棺材也要訂做，而最討厭的是，那些「生鮮面的」還陰魂不散，不但在附近轉來轉去，並且碰到人就查問，好像非要揪出可疑人物不可，左鄰右舍來幫忙的人都被弄得既煩又氣。好不容易才讓屍體落土爲安。墳墓就在村子入口處對面的沙丘上。

四位泰源的同學，加上吳鐘靈的太太，一齊陪陳家兄弟到沙丘上看陳良烈士的墳墓。雖然蔓草孳生，還是很快就找出墓碑，大家輪流在墓前拍照，當他們用手觸摸墓碑時，似乎感覺得到當年在泰源時把手放在阿良肩頭上那樣的溫暖。

臨走時大家在墓前行最敬禮，有人禁不住脫口說了一句：「阿良，安息吧！再漫長的黑夜，也總會有黎明到來的時刻。台灣人不會讓你的血白流。」

第九章

泰源事件的回顧與檢討

第一節 秘密組織的瓶頸

在人所組織的團體裡，如果不能互相信任，也就不必奢談創造奇蹟。尤其是在一個秘密組織，先天上便有許多瓶頸無法突破，就像監獄革命這種大工程，只有能夠做到超精密的分工，才有機會變不可能爲可能。

但是在泰源監獄並不像普通社會上有隨便可以挑選的人才，或隨手可得的資源。四百多位反國民黨的叛亂犯中，將近四分之三的人的表現並不贊成台灣獨立建國，剩下的一百多人也都是手無寸鐵，有勇氣和決心要跟國民黨不共戴天的，應該不會很多，其中最危險的應該是那些貌似忠貞而骨子裏含有與敵人妥協出賣同志的陰謀家。雖然表面看不出來，可是誰也無從保證。

換句話說，從有限的人數中挑選菁英，再從極度貧脊的現實上創造資源，除了核心人物的決心和毅力之外，更非有時間可以配合不可。但是時間拖得愈長，則危險隨時間而遞增。

然而任何事情都會利害相成，在監獄裡推動革命工作也有一些是其他任何地方所不能比的優勢，好比所有參與的朋友，除了極少數幾位年過三十或者接近四十之外，絕大部分的參與者都是二十多歲的年輕力壯之士，而且一天廿四小時，甚至一年三百六十五天都可以全力投入。另外還有，像是最危險的地方才最安全等等，當管理當局佈好安全防護網之後，就安心去度假了，同志們也就可以小心謹慎地在他們的防護網中隨意穿梭。

基於以上的認知，第一次參與討論者，一項自以爲是安全、穩重的發展組織的辦法，就是單線又有雙重安全瓣的組織設計。

「單線」組織就是除了最初三位共同協議者之外，其他的人都只知道聯絡自己的人與自己所聯絡的人而已。而且要求做到絕對不向任何第三者透露組織的事，包括你所聯絡的人也不得讓他知道是誰在聯絡你。

這樣的組織對安全上的幫助有兩項，其一就是不論在什麼時候，也不論是那一個環節出問題（最嚴重就是被出賣），組織受害也會很有限，反過來，如果逆向要追查一些來源，也比較簡單和精準。

最大的缺點就是絕對不能一齊討論或開會。這也是監獄革命所絕對做不到的事，所以永遠不會有共識。延伸出來，每個環節，甚至每一位參與者都有各自的認知和解釋。在口述歷史一書裡，很多人講話都有出入，這並沒有什麼不對。主要原因是他們都不是了解全盤情勢的三位協議者中人，當然更不會想到此項設計主旨在各自發揮的本意。

這樣一個爲因應特殊處境所規劃出來的組織辦法，自不免流於粗糙，但是運作下來也非常順利，年初作成協議到年底，幾乎可以用暢行無阻四個字來形容。一年的成績可以分下列幾方面來看。

首先，所有出大門到外面工作的外役（受刑人到外面做工）好像都得到心靈的洗禮。包括對還在押房內難友的服務態度完全改變，甚至每天送進大批採收的野生芭樂和自種的蕃茄、木瓜等。雖然不是什麼太值錢的東西，但比起以前常常找押房外役（在中門以內做工作，一般刑期比較長）抱怨官兵的無禮，甚至同案難友的自私等等，眞的是今非昔比

總之，革命組織發展到這個階段，光是在義監，經常聯絡的就有郭振純、江炳興、吳俊輝、林明永、陳光雲、黃金島、林金鴻、謝東榮、林晚生、賴振福。這還沒有包括吳俊輝聯絡的楊、鄭姓同志和郭振純及其他同志聯絡的人在內。

在此必須稍做說明的，就是林晚生與賴振福兩位，在工作崗位上排定爲花蓮和宜蘭的反蔣工作推動主幹，也要求他倆分別做了在花蓮和宜蘭推動反蔣工作計劃，但不曾告訴他們計劃詳情，而只是因地制宜（林爲花蓮望族，母親當選當年的花蓮模範母親，大哥被推薦參選省議員；賴世居宜蘭）。其他雖然也有參與程度或工作任務不同而必須分工，卻沒有重要與否或職位高低之分。好比江炳興與吳俊輝必須帶動第一梯隊北上，李萬章、林明永擔任往台

東高雄的第二梯隊，郭振純則是被大夥公認爲留守泰源處理善後，負責臨時聯絡和補給中心的第八梯隊的負責人。

當然最主要的成就，要算送到三位共同協議者手上的所有參與人數統計已經超過六十位這一點。甚至正在接觸的還包括警衛連與山地青年在內，剛開始人數不多，但證明要革KMT的命是社會上很多人所贊成的。可是也深深體會到，革命已經不是一句可以輕鬆講的口號，而是拿命在手上玩的工作。尤其還關係到幾十位同志，甚至包括幾十位同志的家庭、監獄和整個台灣社會。

有了這個覺悟，對任何事情的警覺性和看事情的態度都有很大的不同，幾經磋商，原來養豬欄、福利社和押房三個極點的聯絡中心擴大成五極，就是仁義兩監各有一聯絡點。

另外積極培訓準備在泰源監獄到台東公路上擺設甘蔗和水果攤的山地青年的工作展開以後，已經由五個聯絡點擴大成多邊聯絡網。

可是在往後的幾個月中，發展並不是很順利，包括在喬木隊工作的同志詹天增，因爲被木頭壓傷，一直在押房休息一個多月，在義監押房當外役的高金郎和林明永同時被收入押房，義監理髮同志陳光雲心臟病發，可以說是壯志未酬，以及大夥傾全力支援施明德裝死去住花蓮醫院，卻空手回來而沒有交出半點成績。

第二節 組織與分工

爲了因應參與人數增多以及實際運作的需要，整個組織儘管還是維持無形的本質，但也作了某種程度的調整。其中值得一提的有二項。包括前面提過聯絡由三極變成多邊，聯絡可能需要分工及設計代理人，所以也有暗語的設定。第二項比較重要，就是組織要不要上下分工的問題。向我提出這個問題的是三位最初協議人之一的鄭金河。他按照以往的方式，要求生產科的寇金池監獄官找我出去地瓜園幫他整理餵豬的地瓜葉。在整整三個小時的工作中，我們討論了一切變化的情形之外，還有以下的對話：「……，另外還有一件事情也應該做個決定，就是應該做分工比較好。比如說由押房內的兄弟規劃好工作項目和進度，交由外役來推動、執行，這樣才較有效率，而且兄弟們一天到晚問我接下來要怎麼做？有的我可以給答案，有的就不成。」

「比如說你碰到過什麼不能解決的問題嗎？我想你一定考慮過才提出這樣的問題，就先告訴我你整個構想，看能不能給你一些意見參考，我當然也都會跟其他人討論一下好嗎？」

「請山地朋友在通往台東公路上設攤賣西瓜、甘蔗的事情做得不錯，現在還有幾個也想去做，就不知道要怎麼做？」

「聽說設那一攤你幫忙好幾百元，你的問題是錢還是工作？」

「錢他們賺到了會還我，也可以做第二攤資金，倒是要他們做什麼事呢？還有我們的組織，到底要不要有個指揮系統？決策指示大家照著做？」

「這點你有沒有跟炳興兄討論過？我是曾經分別與吳俊輝和陳三興等談論過，雖然相互之間要做共識應該不會太難，但是考慮到起義以後能夠到達目的地的，不知有幾個？不論是誰，也不管有幾個，甚至是只到台東或只到高雄，千萬不能因爲要等台北或其他指示才能行動，而要每一個隊伍的領導人，甚至也有可能是經過慘烈戰爭後存活的三個或五個人，也要能以自己是總指揮自居，這樣才能眞正做到有一百個人就是一百個戰鬥體的事實。不過我還是想聽聽你認爲由誰來當我們的領導人好，我會把你的意見與其他人一起討論出一個結論。」

「大案子的頭頭都在義監，蘇先生已經不在（調回台北），不知道柯旗化或施明德怎麼樣？」

我本來想說：「如果就當領袖的素質來說，你或炳興都將不比他們差。」但是考慮到他既已經有了具體建議，我承諾會在最快時間內討論結果回報。當然也鼓勵他說：「押房裏與社會隔絕，所知有限，只能以外面爲主，當然能做的還是會盡全力。如果有需要幫忙的地方也不要客氣，尤其大家知道外役兄弟辛苦打拚，都認爲希望愈來愈大。」

此次談話大概就是這樣子，接著大約花了十天的時間，應該說仁義兩監押房內跟此事相關的人士，大多數都直接間接被詢問過，所得結果可以歸納爲以下四個要點：

一、整體行動不設領導人而採集體領導辦法。

二、各梯隊設總長一人爲負責人，其餘人等之職位由總長視實際需要而任命。

三、相互聯繫除自設暗語之外，以接管之電台、警察、鐵路聯絡網爲主。

四、另外附帶表明舉事行動前，不要讓施明德與柯旗化參與行動之用意，認爲是基於整體安全而不得不採取的措施。

第三節 沒有演習和操練的機會

接下來的一段時間，所有的接觸都頻繁增加，每天上、下午兩次放封時間，明顯看得到大家都很忙碌。大伙房（犯人廚房）的公差也頻頻找人，光是水泥籃球場的鋪設，大概花了兩個星期。這些都是除了正式外役之外，仁義兩監押房內外人員可以討論的好機會，但兩監主要資訊傳遞管道，還有每週二到三次的上課或做禮拜時間（由美籍海牧師主持），和不定時的晚上電影欣賞晚會等，溝通討論任何事情只怕被人竊聽告密而已。

但是有很多事情並不只是嘴巴說說就能做出來，而是必須要經過實地演練，甚至一而再操練才不會出問題的。在最敏感的政治犯監獄裏要避開監視的耳目，秘密做訓練或演習眞的是千難萬難的事。然而我們還是做過下列幾項試驗：

首先請大家想像一下，在一個近五百個牢友的政治監獄，儘管飲食不是很差，但是早上吃饅頭要夾一個荷包蛋，就是幾近奢想的大事情。因爲大伙房只有一個炒菜鍋，每天準備早餐的時間不會超過一個鐘點，一個鍋在幾十分鐘內煎四百多個荷包蛋，技術上確實不容易，更不要說像某台南長大的朋友在牢裡一待二十多年中，原本最喜歡吃的虱目魚肚一次也沒吃到。從這裡也可以想見，當時的牢友們生活上確實有很多束縛。

有了以上最起碼的認識，或許就可以想像牢友們對煮點心加菜打牙祭，以滿足口腹之慾是多麼地渴望，經過婉轉疏通，終於也可以利用下午放封的機會，使用由家裏寄來的魚蝦乾貨做出香噴噴的炒米粉等料理。

這一方面是培養相濡以沫的革命感情之外，最主要還能借用廚房原本用鐵鍊鎖在鐵柱子的菜刀。借了好幾次，但也都沒有機會爲用在眞正起義時砍人做演練。

其次外役同志大抵都是刑期比較短，而且經過種種考核，所以可以到大門外做工，雖然只被允許有限度的走動，因爲長時間從各方面交好監獄附近的北源村民（監獄所在地）所做的努力，平常可以透過他們獲得那些像地圖、現金（犯人用監獄券）、特種乾電池（曾經準備自組對講機或小型電台）……等等。

能蒐集到這些「珍」品，當然都對我們很有用，同時也證明一旦敵我開戰，他們有可能成爲友方，開戰前的準備期間，也可以將一些較不礙眼的戰略品存放在那裏，減少露出破綻的機會。但是他們最大的貢獻應該是充當每一個梯隊的嚮導，也就是在每個出征的梯隊，配置一兩個山地青年，可以解釋沿路上的疑問，也在預定舉事的時刻可以找到人。

演習的重點，就是預定會面的時間和地點是否能夠準時出現。出發以後要做些什麼，事實上也很難預測，尤其也絕對不要妄想做演練，而不會讓管理方面有所警覺。

對山地青年的情況是這樣，對警衛連當然更加敏感。只是筆者也不得不承認，對警衛連的聯繫確實分開爲兩條路線在進行。這是泰源革命事件一開始到搬家整個過程的一個小插曲，容或下節會再提到此事，在這裏探討組織的演習和操練，只能說聯絡中心對警衛連唯一做過一件有一點點影響力的事情，就是從旁促使其年度裝備大檢查提早在農曆年前一個禮拜完成。而如果革命舉事要有成功的開始，警衛連的彈藥槍炮和車輛保持在最佳狀態是不可或缺的要素之一。筆者也在大檢當天被安排外出公差，從旁經過檢閱場，近矩離（約三十公尺）看到沒穿砲衣的迫擊砲、機關槍和一字排開的八部大小車輛。

砲膛是擦得雪亮，但就不知道是否打得出砲彈。因爲舉事時，鄭金河等從警衛連弟兄接手的兩支長短槍要打開大門鎖，就是子彈打不出槍膛而作罷逃亡。

反過來，如果眞能打開大鎖放出押房內四百多人出監，情形會如何，誰也不能預料，但是倉促中殺人沒殺死，以及準備不夠，匆促起事應該都是此事失敗的主因。而明知準備不夠，何以要草草起事，或許可以從下面一節得到蛛絲馬跡。

第四節 「愛拚才會贏」還是「會贏才可拚」？

政治黑牢中無歲月。記得是我從監房外役回押房差不多一個月，某天放封時，施明德找我，劈頭就問：「什麼時候開始行動？」其實從他朝我走過來就知道他有事要找我，只是心裏還有點納悶，會有誰告訴他這個事情嗎？因爲我跟他同房，一天廿四小時在一起，只有這個事情，他才有必要在放封場談。所以我也認爲該來的總會來，我說：「不是天天都在行動嗎？」

施某向來都以天下第一人自居的行事風格，既然找到我來，沒有得到目的是不會干休的，我這樣回答，是眞的不知道他對全盤了解多少，和要的是什麼，才不得不爾，他可能認爲我是在敷衍他，更進一步問說：「既然準備那麼久，也做了那麼多，難道沒有訂一個行動的日期？」

他會問這樣一個問題，我眞的很感詫異，我直覺判斷他是還搞不清楚狀況，而如果他有了充分的了解還會問這樣的問題，那可能就必須特別審愼因應了，所以只好回答他：「我知道計劃做好，因爲潮流對我們越來越有利，時機是要選擇，但是準備不夠是不成的。」

在政治黑牢裡，誰都知道爭辯是不能解決問題的，所以當他對我的回話用嗤之以鼻的態度反問說：「亂講，革命工作能準備什麼呢？準備再多也不夠，只看你敢不敢而已，很多人都只是嘴巴講講，一旦要行動就縮回去，我看得太多了……。」

可能是話不投機吧！我只好說：「他們也許早就該找你商量才對，不過現在還不遲，你既然已經參與，不妨把你的意見反映出去。」

「不能預先決定個日期嗎？比如說六個月後或一年……。」

「我們要體會到生命只有一條，尤其監獄革命也只有一次機會，這種上天賦予的唯一機會，是不容許被隨便糟踏的，所以我還是寧可支持他們準備好再行動的規劃方案。」

第一次談論此事就出現如此尖銳的對話，確實也是始料所未及，尤其是已經有了「準備階段把柯施排除在外」的通告以後，所以就利用下午籃球場邊，找另一位聯絡人吳俊輝討論此事，吳聽完上述經過後表示，施確實已經知道此事應無疑問，其所提意見也可以解釋爲試探性問題，如果眞是這樣，以後還會有其他問題，但組織應該了解一下是誰告訴他，以及告訴他多少詳情。

果然不出所料，大概矩離第一次談話後兩週左右，施再次找我，談話的主題變成要我將整個組織交給他運作。只是還沒談到主題之前先繞個彎，用探詢的語氣問我贊不贊成讓柯老師在革命委員會負責搞民運。我只淡淡回答他說：「我只擔心是不是能出得了大門。」對於要把組織交給他，我則斬釘截鐵告訴他，雖然在當監房外役時曾經替外邊的人聯絡過很多事情，但是我絕對不是核心人物，我知道的事情很有限，何況現在已經回押房這麼久了，可以說完全斷絕與外邊的關係。

話雖然這樣講，但他還是沒有完全死心。大概是快出事前差不多一個月吧！他第三次找我談，這一次要我支持他當行動的最高領導人，同樣帶給我大震撼。

因爲雖然已經從外役回押房幾個月，只要每週照常上課、晚上大操場的電影欣賞會照演之外，還能偶而到養豬欄出公差，多邊聯絡網就繼續暢通無阻，不僅弄清楚施某得自不小心透露給他的詹天增處獲得的一些資訊，而且對他請謝東榮代理對外役、警衛連弟兄積極部署的努力，一直都暗中做配合。但是搞不懂他要求別人支持他當最高領導人都加予恐嚇，說如果不答應，他要向國民黨告密讓大家同歸於盡，對我卻只客氣地要我支持他。

當然我之所以會受到大震撼另有原因，是從他幾個月來的所作所爲，加上在此時此刻做這樣的要求都指向一個標的，就是史無前例的監獄革命即將爆發。

有了以上的認識，要如何回應他對我所提的要求，應該不是很重要，但我還是很認眞告訴他：「我會與大家一致，不會獨持己見。」

接下來一個多月的時間，可以說消息不斷，包括嘉義籍山胞達哥爾利用外出機會逃亡回家準備預先佈署、陳東山同志表示不願再忍耐黑牢之苦……等等。其中讓我反覆思量的是，另外一位被同志們暫時保留對象的柯旗化老師，有次忽然跟我談起蘇東啓案被捉情形，柯老師說如果當時他也參與其中，他會極力促使革命工作之實現，而不會讓敵人從床上一個一個捉走。

現在事情發展到這種地步，我當然不會認爲柯老師眞的還被蒙在鼓裡，他對我如此說，很可能是有人要他勸我不要阻擋，他當然不知道此事鬧到連押房裡的紅帽子（統派主張）都人心惶惶，誠所謂箭在弦上，不得不發。

而我們早已暗中配合佈署，還有另外一個原因，就是在安坑看守所就與同志有約的彭明敏教授寄來的信物已經收到。他表示已經安全離開台灣，可以隨時與島內的革命工作相呼應。根據在彭教授潛逃出國前，最後一次與他討論過此事的陳明發牙醫師（事件發生已出獄，郵包是寄由吳俊輝接到）轉述，彭教授明確表示不論他寄來的郵件地址寫那一國，他都會在美國大力推動台灣獨立運動。只是本著知道的不講、不知道也不要問的方針，還是繼續裝作不知道好。

另外有關柯老師在泰源的事蹟，前面雖然已經提到過，包括他一而再被外來政權荼毒而生的感慨和怨嘆，本章鄭金河提議讓柯老師當領導人，後來決議反而是「舉義行動前不讓他參與」，而且是基於「集體安全的考量」，應該要解釋一下，才不會發生誤會。

因爲柯老師的人格特性，是兼有文學家與哲學家的特質，熱愛鄉土與同胞，百分之一百，尤其感情豐富，加上一絲不苟的處世原則，在政治監獄裏，絕對是同志們的好老師和好兄長，但也因此成爲「紅色政治幼稚病」患者批鬥的對象，也就必然成爲官方嚴密監控的標的。讓他繼續安心爲他的《新英文法》的改版做努力，除了不要讓他有心理負擔之外，應該也可以麻痺國民黨安排在政治監獄裡的特務神經系統。

第十章

◆

台獨運動的理論與實際

台獨思潮起源於愛鄉和保土，因爲台灣人確實只有這一條路可以走。方法和理論雖然也應該講究，但關鍵只有對台灣的愛心而已。

台灣人與統治集團鬥爭，註定要經過一段漫長的艱困和黑暗期。因爲台灣人太善良了，而他們的對手，由於長期與人鬥爭，又嘗到被鬥敗的苦果，幾乎早已喪失了所有殘存的人性。只要是對他們的權利有幫助的事，滅絕天良也不以爲忤。

善良的台灣人原本壓根兒也不會想要與他們鬥。台灣人有一種觀念，人不犯我，我不犯人。這種觀念是對是錯，姑且不管，但是這確實是台灣人處理問題的一個準則。就像一個農夫，他看到一條蛇，不管是無毒的草尾仔蛇，還是劇毒的龜殼花或眼鏡蛇，只要牠乖乖離開不咬人，就不會傷害牠。

但是這些善良的台灣人，當他們長久與來自中國大陸的國民黨人相處以後，非但深深體會他們逃難的過客心態永遠無法改變，更不敢奢望這群逃難客對台灣會有愛心。

無可否認的，當台灣人對外省過客感到絕望以後，很多人收拾行囊開始漂洋過海到世界各地另找棲身之地，但有更多的人，沒有能力移民，也可能捨不得離開這塊被他們所熱愛的地方，希望能有辦法挽救即將到來的厄運。

所以，鄉先輩李萬居先生在省議會的「省政十九問」，以及五〇年代末期《自由中國》

雜誌轟動一時的反攻無望論，思考和研究台灣問題，變成社會青年愛台灣的自然反應，就在後來五年期間發生了千百個與台灣獨立有關的政治案件，充分證明改變國民黨的統治本質，如果不進行一次徹底的政治鬥爭，恐怕永遠不能翻身。

不管實際上有多困難，他們也學習到一項事實，要跟中國人鬥爭，不先了解他們，絕對不成。但要懂中國人，應該先知道他們的政治行爲和運作方式。

中國人的政治行爲和文化，政治犯中有一位張化民難友寫了一本《中國文化的診斷》，共有一百二十萬言，也還沒有把它講清楚，因爲中國人的權謀術數實在令人眼花撩亂，只有認清它的本質，以不變應萬變，否則非但永遠找不到根本問題，可能還會迷失掉自己。

好比一項明明是極其單純的「民意代表必須定期改選」問題，竟然用大法官解釋「繼續執行職務」，然後再動員傳播媒體與御用學者販賣「老人院」的決議，並要求人民去遵守，使一些台灣人反而忘了應該要求改選，而去跟他們爭些枝節問題。

其實在中國式的政治架構上，黨、政、軍固然是一體，即連司法、警察，甚至學者和媒體等也都成了一家人，在運作上則結成「食物鏈」的共生方式。

「食物鏈」原本是生態學上的名詞，解釋自然界中的植物從光合作用製造養分壯大自己，然後成爲別的動植物的養分的循環。

其中有一種名叫「寄生鏈」，像肺結核菌找到人的肺當寄宿主，一方面腐蝕肺細胞，再把腐蝕的細胞當養料，培養和繁殖更多的腐蝕細菌加速運作，直到把整個肺吃空爲止。中國式的政治，就是把黨、政、軍、學、商、司法、警察還有媒體等等，從中央到地方，再從國內到國外，全部統合在一個完整的食物鏈裡，有意參加寄生鏈的成員就要先做貢獻，就是扮演腐蝕自己或寄宿主的急先鋒，給食物鏈當養料，等有幸成爲鏈上一份子，就有權利一面享受別人的貢獻，一面再貢獻給別人。等待和享受別人貢獻的人，就要負責耍計謀和權術，讓此種生態循環不息，直到倒楣的寄宿主被完全吃光爲止。

蔣介石的寄生大鏈在中國大陸蹂躪了三十幾年，讓中國人警覺如果不及早將細菌全部撲滅，也只有等著被吃光，所以絕然一刀砍斷，卻想不到另一段像阿米巴似的到台灣復活，台灣也就無可避免地淪爲一個寄宿主。

在一九七〇年這樣一個很多人排隊等候擠進寄生大鏈的時刻，改革的呼聲無疑是「狂狗吠火車」，而即使鄭金河烈士所提刺蔣辦法僥倖能夠成功，恐怕也改變不了台灣的基本政治生態。此所以台灣人的前輩李萬居先生早就說過，期待中國人改革，比讓他死更難。

但是台灣人又如何呢？不能否認有些人確已感染甚至崇尚上述的權術追逐，然而也有不少人不改赤子之心，愛台灣甚至寧願爲台灣奉獻一切。

近年來台獨的支持者已有穩定增加之勢，包括公開支持和暗地裡支持的人，有人估計已經遠遠超過國民黨核心支持者總數。所以每次選舉才能有百分之三十以上的「堵爛票」。

如何才能達到過半數的目的，有武力革命，有和平轉移，有階段論法，也有迂迴戰術，更有……，也許可以讓理論家無窮盡做探討。然而在泰源那些憨直的台灣人，他們所要成立的是一個有民意基礎，而且是基於民族意識所形成的國家，利用監獄革命，目的只求一舉衝破外來政權的統治神話和禁忌，以求能有機會公開剖析國民黨如何巧妙地統馭控制台灣人，並解除二十年來該集團殘殺無辜台灣人所造成的白色恐怖。

在泰源事件準備過程中的種種討論，正顯示了他們憨直的心態。

其中之一是古巴卡斯特羅的例子。卡斯特羅成功以後，記者問他，當時古巴的卡羅那政權兵多將廣、待遇又好，何以有勇氣向他挑戰。卡斯特羅答覆說，他從小喜歡鬥雞市場，凡是羽毛豐滿、光澤鮮妍的鬥雞，雖然氣勢很盛，但毅力和耐力相對都不足，所以結果都是這些吃好睡好的美麗鬥雞敗下陣來。這是國民黨雖然掌握財、經、政治、社會和資訊等優勢，但赤手空拳的台灣人民仍然終會獲得勝利的理由。

另外一項據說在泰源行動前引起參與者相當大爭議的問題是，在準備過程中，鄭金河曾經提議要單獨與警衛連連長講清楚，並要他明確表示對發動武力革命的態度。

此項提議遭到毫無保留的反對。理由之一，乃如此做法太過冒險，如果連長不答應，立即予以逮捕，後果難以設想。另外，如果連長答應，但事後又反悔而暗中告密，情形將會更糟。因爲革命行動必須隨內外情勢而調整，很多案例都是在準備期間被同志有意或無意洩漏出來，如果預先告知，無疑是把整個團體放在砲口上。

當時此種考慮大家都認爲完全正確，但是鄭金河堅持不同的意見。他認爲如果被出賣，也只是他自己一個人而已。而且，連長固然有可能心虛，但也有可能替大家壯膽，「這關拼會過，吃得百二歲」，然而還是說服不了大家。鄭金河這樣的想法雖然有些天眞，但也正可以反映出台灣人憨直的性格。

據說，當時做結論的那位仁兄告訴參與者一個發生在寮國的小故事，才使鄭金河不再堅持。寮國在六〇年代可以說是美國在中南半島的戰略中心點，也是共產國際與資本主義世界爭奪的焦點。

寮國總理名叫胡瑪，與美國聯合，被稱爲右派領袖，左派領袖叫胡米，據說與胡瑪爲同父異母兄弟，但親蘇聯與中共，被稱爲左派。兩派勢如水火，爭戰多年。

有一天，情報指出左派領袖胡米要到某地召開軍事會議，胡瑪認爲如能派兵突擊並加以逮捕，則一切均可迎刃而解，所以他想到動用最新才裝備和完成訓練的傘兵，就親自坐直昇機趕到全國唯一的傘兵營營長康萊的辦公室，向康萊營長下達命令，要他立即出動傘兵逮捕胡米。

康萊營長等總理講完後才對他說，自從你進入我的辦公室起，你就已經被捕了。現在不是你命令我的時候，而是你、我和胡米坐下來好好規劃寮國未來的時候了。

寮國因爲康萊此舉而成爲左派、中立派和右派三派鼎立的局面。革命與反革命，影響成敗的因素隨時轉變。明明是對的理論，可能因爲情況改變而逆轉。反過來，像卡斯特羅那樣笨的想法，卻能一舉成功。

台灣獨立，要靠有心人來設計，更需要培養對此有信心的人來推動，最需要的是眞實的感情，配合堅定的信仰，手段或理論都還在其次。

泰源志士們亦深知推動風潮之不易。海地一位名詩人，曾經檢討海地民主政治何以難有成效的原因：「海地人的最大毛病就是一大堆人都在飯廳裡等著要吃飯，卻沒有人願意去廚房裡幫忙。」泰源志士要讓台灣跟海地不一樣，很多人都渴望政治民主化，也有很多人願意犧牲自己去推動。

泰源監獄一百多人不計後果與統治者拚死活，只求有機會讓台灣人表現對這塊土地的愛心。至於公共政策如何設計？以及如何美化環保、開展外交前景、交好國際、消弭社會上的暴戾之氣……，只要每一個人對台灣有愛心，每一個人都對自己有信心，憑兩千萬台灣人的幹勁和智慧，建設台灣爲獨立民主之國亦應不遠。

最後，請讓筆者改寫日本平田篤胤的一句話，來與所有台灣人共勉。

「物之尊卑好壞，並非因形之大小而定。國家儘管廣大，然而下國就是下國；台灣面積雖小，上國就是上國。即使特大如蘇聯，如果草木不生，人物不出的話，又何上國之有呢？」

附錄

一、台灣獨立宣言（台灣獨立軍軍部發行）

相信壓迫與奴隸存在時，爲自由奮鬥是應該的。迫害與恐懼跟着時，爲爭取幸福是一種權利。在今天，爲此努力，實只是克盡天職與恢復人權的尊嚴而已。四百多年來，我們祖先流血流汗，一再的呼籲對人類應享的權利給予尊重，但呼求只得到殘殺。悲慘命運不曾離過我們，我們只有繼祖先遺志，繼續奮鬥。

國民黨統治台灣從始即不懷善意，台灣在久受日本壓迫之後，亟思有一平等誠意之政府待我民眾，然國民黨的壓迫更甚於日本，二二八事變的大屠殺昭彰於世，以後的繼續追殺濫禁，無有寧日，我們不斷的請求緩和其殘暴，但請求只更加殘暴，我們祈望國際間的援助，但國際間的正義感如此遲頓，我們曾耐心的等待，期望內外或終有所改善，但等待只更接近死亡。強權總是被歌頌，祈求總是被譏笑。

反共抗俄戰爭是世界和平的威脅，台灣民眾繼續受迫害的原因。和平將來臨時，是國民黨在擔憂和平的來臨，人權受尊重時，國民黨在擔憂民志的覺醒。故它鼓勵盟國與共產國際對抗，嘲笑談判的價值，對內加緊施用其二十多年來的戰時戒嚴令，奴化民眾。它沿用歷史獨裁者的公例，深信唯有戰爭能得到和平，奴化民眾得到安寧。

台灣是屬於所有台灣人的台灣，我們決心不再受壓迫。我們決心不再被奴隸。我們決心不再使它重溫被出賣的歷史醜運，這是台灣所有居民的願望。很顯然這島上仍是愛好和平與自由的人停留的地方，也是人們相率遷徙來此的原因。台灣在殘暴、貪汙、無能的情形下，已經獨立二十多年，使我們充滿信心。只要我們具有建國的信心，則建國必成。只要我們具有保衛國家的決心，則國家必永久長存。

我們深信唯有台灣獨立，人民的自由與幸福能得到保障。唯有台灣獨立，亞洲能得到安寧，世界能得到和平，我們的奮鬥是有意義的。我們的犧牲是有代價的。相信我們的呼求必得到響應。我們必得到正義支持，我們祈求苦難的人們，早日得到安息，世界早日進入和平。

二、台灣獨立宣言（郭振純執筆，原文為日文，預備作為對日廣播用）

元来台湾の存在は独立したものであった。一六二四年にオランダが侵入して、今の台南市を占領したことによって、台湾の小部分の土地が初めて外来政権に蹂躙されたのである。その後、鄭氏、清国が相次いでまた極めて僅かな部分である總面積の三分の一に満たない土地を占領し、一八八五年に至りやっと完全に清国に奪われた。清国は一八八七年に行政単位机関の「省」を設立したが、一八八五年には、日本国に台湾を割譲した。従って台湾が正式に清国の版図に入っていた期間は正確に言って七年間であった。

一九四五年に蒋介石が国連軍（国際連合軍隊）の總司令官マッカーサーの命令第一号に従って台湾に侵入した。その任務は国連軍を代表して台湾にある日本軍の投降を受け、並びに治安を維持して国際連合が台湾の主権を最終的に決定するのを待つことにあった。

一九五一年九月八日、日本はアメリカ合衆国のサンフランシスコ市で国連と講和条約を締結し、台湾の主権を放棄することに同意した。これは一九四五年に成立した国連憲章に基づく自決原則に依って台湾の前途を台湾人自身が決定すべきことを意味する。

しかしながら蒋介石の中華民国は却ってカイロ宣言を以て台湾人を騙し、カイロ宣言は既に台湾を中国に渡したと称して台湾からその軍隊を撤退するのを拒否した。善良な台湾人はそれを信用したので、つい今に至るまでその不法統治を受け続けている。

一九八八年十一月廿四日、日本外務省は理不尽に根拠もなく、日本政府はポツダム宣言第八条を遵守する立場を堅持する旨を表明した外、該当宣言はカイロ宣言中の「満州、台湾、澎湖諸島は中華民国に返還する」という協議を実施したとも暗示した。ここで言う「中華民国」とは、外務省の表示に依れば、一九七二年に日中国交締結以来中国を指している。このことは蒋介石の後継者である李登輝の一九八八年十月八日の談話を否定したことになる。

「日本はポツダム宣言第八条に基づいて既に台湾を中華民国に渡した」と発言した李氏は今に至って中華民国の進退に根拠を失ったことに気付き、中華民国は既に何十年も存在しつづけてきている故、台湾独立は無意味であると詭弁を弄して台湾に於ける不法統治の事実をカムフラージュしようと企んでいる。

本来いわゆる「満州、台湾、澎湖諸島を中華民国に返還……」というのは、一九四三年中米両国が台湾を共分する秘密協定により、事成就すれば中国は台湾の主権を得て、米国は台湾に駐軍し、使用権を有することを意味していた。このことは香港の問題に関連するので、チャーチルが反対した結果、いわゆるカイロ宣言は、無サインの文書となったのである。日本政府は軽率にサイン無き文書を以て台湾主権に対する立場の根拠としてよいのか？我々はここにおいて日本政府及び中華民国政府に返答を要求する。

サンフランシスコ講和条約により台湾の主権はいかなる外来政権にも属せず、国連憲章に依り我々は前途を自決し台湾人自身の国家を建立する権利を有する。

台湾人は上述の講和条約及び憲章が賦与した権利を放棄せず、一死以ても国際覇権が台湾を政治賭博の元手にして、私的授受することに反対する決意をここに宣言する。

（漢譯版）

台灣原本自由獨立於天地之間，一六二四年荷蘭入侵，佔領台南市，蹂躪台灣部分土地，緊接著鄭成功與清國也相繼侵占全台三分之一土地，到一八八五年才遍及全台，也於一八八七年設省，卻在一八九五年割讓給日本，總共中國領有全台，正確講也僅七年而已。一九四五年蔣介石集團奉同盟國麥克阿瑟之令來台，接受日降及維持社會秩序爲主要任務，至於主權歸屬，尙待盟軍最後會議決定。

一九五一年九月八日美日與聯合國大多數會員國在舊金山召開終戰會議，日本同意放棄對台主權及一切權利聲索權，理應依照一九四五年成立的聯合國憲章民族自決精神來決定自己的前途。

但是一批以蔣介石爲核心的中華民國集團，謊稱依據開羅宣言，台灣要移交中國，欺騙善良的台灣人，違法強行佔領至今。

中經一九八八年十一月廿四日日本政府在缺乏依據又沒有道理的情形下表明日本的立場，暗示會遵守波茨坦宣言中第八條將「滿州、台灣、澎湖諸島歸還中華民國」，但是在此上述表明前的一九七二年，日本與中國的建交公報已經明白否定「中華民國」的存在。

所以在日政府做此暗示之前，蔣政府的繼位者李登輝搶先在十月八日發表正式聲明嚴正駁斥，也因爲李登輝否定「日本根據波茨坦精神讓滿州、台灣回歸中華民國」的合法性，而又堅稱中華民國在台灣已經轉化成一個主權獨立的國家，不知對外宣稱獨立的詭辯說法，同時也把中華民國在台灣的違法統治本質像變色龍（camouflage）一樣顯露無遺。

而且原本「日本把滿州、台灣……移交中華民國」的講法，是出自一九四三年中美兩國共管台灣的一次秘密協定。協議規定事成之後台灣的主權可以歸屬中國，但美國負責管理並可駐軍。因爲牽連到香港，所以爲邱吉爾所堅決反對而不了了之，導致開羅宣言也就沒有人簽字。我們強力要求台日兩國政府立即公布眞相。

現在根據舊金山和約規定，台灣的主權絕對不容外來政府說三道四，而必須全體國民依據聯合國憲章所規範民族自決建立自己的國家。

身爲台灣人我們在此向國際社會嚴正宣告決不放棄，依據和約及憲章精神建立自己國家的權利，誓死反對國際強權任何搓圓仔湯的惡劣手法所侵害，更期待天祐台灣。

台湾独立宣言

元来台湾の存在は独立したものであつた。1624年にオランダが侵入して、今の台南市を占領したことによつて、台湾の小部分の土地が初めて外来政权に蹂躙されたのである。その後、鄭氏、清国が相次いでまた極めて僅かな部分である總面積の三分の一に満たない土地を占領し、1885年に至りやっと完全に清国に奪われた。清国は1887年に行政単位机関の「省」を設立したが、1895年には日本国に台湾を割譲した。従って台湾が正式に清国の版図に入っていた期间は正確に言って7年间であった。1945年に蒋介石が国連軍(国际連合軍隊)の總司令官マッカーサーの命令第一号に従って台湾に侵入した。その任務は国連軍を代表して台湾にある日本軍の投降を受け、並びに治安を維持して国际連合が台湾の主权を最終的に決定するのを待つことにあつた。

1951年9月8日、日本はアメリカ合衆国のサンフランシスコ市で国連と講和条約を締結し、台湾の主权を放棄することに同意した。これは1945年に成立した連合国の憲章に基づく自決原則に依つて台湾の前途を台湾人自身が決定すべきことを意味する。

しかしながら蒋介石の中華民国は却ってカイロ宣言を以て台湾人を騙し、カイロ宣言は既に台湾を中国に渡したと称して台湾からその軍隊を撤退するのを拒否した。善良な台湾人はそれを信用したので、つい今に至るまでその不法統治を受け続けている

①

1998年11月24日、日本外務省は理不尽に根拠もなく、日本政府はポツダム宣言第8条を遵守する立場を堅持する旨を表明した外、該る宣言はカイロ宣言中の「満州、台湾、澎湖諸島は中華民国に返還する」という協議を実施したとも暗示した。こゝで言う「中華民国」とは、外務省の表示に依れば、1972年に日中国交締結以来中国を指している。このことは蒋介石の後継者である李登輝の1998年10月8日の談話を否定したことになる。

「日本はポツダム宣言第8条に基づいて既に台湾を中華民国に渡した」と発言した李氏は今に至つて中華民国の進退に根拠を失つたことに気付き、中華民国は既に何十年も存在しつづけてきている故、台湾独立は無意味であると詭弁を弄して台湾に於ける不法統治の事実をカムフラージュしようと企んでいる。

本来いわゆる「満州、台湾、澎湖諸島を中華民国に返還---」というのは、1943年に中米両国が台湾を共分する秘密協定により、事成就すれば中国は台湾の主权を得て、米国は台湾に駐軍し使用权を有することを意味していた。このことは香港の問題に関連するので、チャーチルが反対した結果、いわゆるカイロ宣言は、無サインの文書となったのである。日本政府は軽率にサイン無き文書を以て台湾主权に対する立場の根拠としてよいのか？我々はここにおいて日本政府及び中華民国政府に返答を要求する。

サンフランシスコ講和条約により台湾の主权はいかなる外来政权にも属せず、国連憲章に依り我々は前途を自決し台湾人自身の国家を建立する权利を有する。

台湾人は上述の講和条約及び憲章が賦与した权利を放棄せず一死以ても国際覇权が台湾を政治賭博の元手にして、私的授受することに反対する決意をここに宣言する。

終。

郭振純、高金郎合照

三、鄭金河遺書

父親大人：

一個人有生，也必有死，只是遲早而已，但是現在的我，已經先走了，永遠的走了。請大人千萬個原諒我吧！

我也明明知道，父母養育子女長大成人，恩重如山，雖然我時時刻刻想要報答你們，可是事與願違，而今，反而增加您老人家的負擔和痛苦，眞是罪該萬死。

在我的一生中，我不時體會到您老人家的偉大，我也常常想到，生爲您的兒女是多麼多麼的驕傲，可是在這最後有限度的時刻裡，儘管我有再多的話想說，也是無法一一

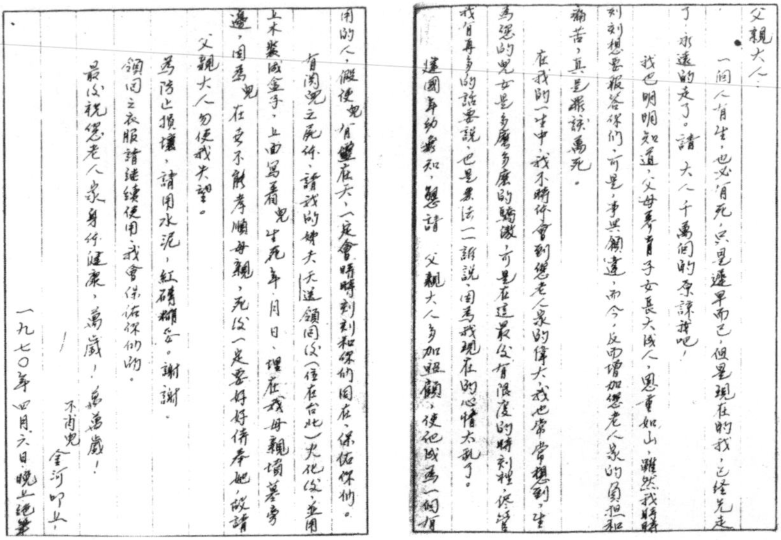

父親大人：

一個人有生，也必有死，只是遲早而已，但是現在的我，已經先走了，永遠的走了。請 大人千萬個的原諒我吧！

我也明明知道，父母養育子女長大成人，恩重如山，雖然我時時刻刻想要報答你們，可是，事與願違，而今，反而增加您老人家的負担和痛苦，真是罪該萬死。

在我的一生中，我不時体會到您老人家的偉大，我也常常想到，生為您的兒女是多麼多麼的驕傲，可是在這最後有限度的時刻裡，儘管我有再多的話要說，也是無法一一訴說，因為我現在的心情太亂了。

建國年幼無知，懇請 父親大人多加照顧，使他成為一個有用的人，假使兒有靈在天，一定會時時刻刻和你們同在、保佑你們。

有關兒之屍体，請我的姊夫〔天送〕領回後（住在台北）火化後，並用上木製成盒子，上面寫着兒生死年、月日，埋在我母親墳墓旁邊，因為兒在世不能孝順母親，死後一定要好好侍奉她，故請 父親大人勿使我失望。

為防止損壞，請用水泥、紅磚糊封。謝謝。

領回之衣服請繼續使用，我會保佑你們的。

最後祝您老人家身体健康、萬歲！萬萬歲！

不肖兒 金河叩上

一九七〇年四月六日晚上絕筆

鄭 金河遺書影本

訴說，因爲我現在的心情太亂了。

建國年幼無知，懇請 父親大人多加照顧，使他成爲一個有用的人，假使兒有靈在天，一定會時時刻刻和你們同在，保佑你們。

有關兒之屍體，請我的姊夫天送領回後（住在台北）火化後，並用上木裝成盒子，上面寫著兒生死年、月、日，埋在我母親墳墓旁邊，因爲兒在生不能孝順母親，死後一定要好好侍奉她，故請父親大人勿使我失望。

爲防止損壞，請用水泥，紅磚糊妥，謝謝。

領回之衣服請繼續使用，我會保佑你們的。

最後祝您老人家身體健康，萬歲！萬萬歲！

不肖兒金河叩上

一九七〇年四月六日晚上絕筆

四、江炳興遺書

親愛的爸爸媽媽：

爸爸媽媽養育兒長大，兒非但沒有報養育之恩，反留給爸爸媽媽悲傷，死前就是此點使兒流淚不已。然爸爸媽媽生兒並非沒有可安慰的地方，兒從小自知努力，家雖窮，卻因此更求上進，長大更立志，希求人們都能快樂過著日子。兒因此信基督、進軍校，又走入致死的道路。死使兒心甚悲悽，但甚坦然，概至死以天下爲己任者，即以此爲安慰。男兒當頂天立地，繼往開來，死而後已。爸爸媽媽若知兒用心時，對兒之死當不致苛責，亦不深痛。爸爸媽媽可常念「我兒心地善良，懷著理想，深知努力，最後乃以路途走得過遠身死」，想爸爸媽媽以此念兒時，當可減少幾分悲傷和稍得安慰。兒甚想念爸爸媽媽，但願眞有來生，以求報答。死前千言萬語，不知從何說起，爸爸媽媽保重身體，兒祈求主，就是耶和華上帝祝福爸爸媽媽。僅此數語作爲留念。

祝

平安

兒炳興敬上　一九七〇年四月五日晚遺書

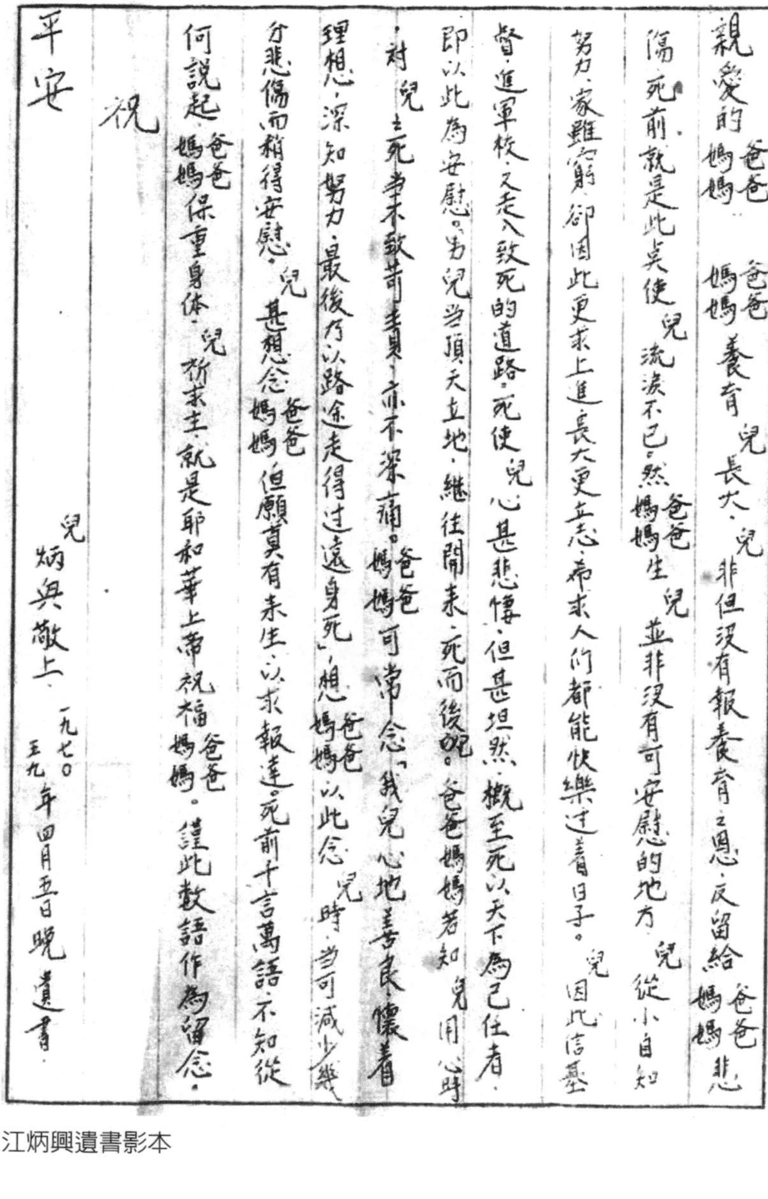
親愛的 爸爸媽媽：
爸爸媽媽 養育 兒 長大，兒 非但沒有報養育之恩，反留給 爸爸媽媽 悲傷，死前就是此点使 兒 流淚不已。然 爸爸媽媽生 兒 並非沒有可安慰的地方 兒 從小自知努力，家雖窮，卻因此更求上進，長大更立志，希求人們都能快樂過着日子。兒 因此信基督，進軍校，又走入致死的道路。死使 兒 心甚悲慘，但甚坦然，概至死以天下為己任者，即以此為安慰。因 兒 当頂天立地，繼往開來，死而後已。爸爸媽媽若知 兒 用心時，对 兒 之死当不致苛責，亦不深痛。爸爸媽媽可常念「我 兒 心地善良，懷着理想，深知努力，最後乃以路途走得过遠身死」，想 爸爸媽媽 以此念 兒 時，当可減少幾分悲傷而稍得安慰。兒 甚想念 爸爸媽媽 但願真有來生，以求報達。死前千言萬語，不知從何說起。爸爸媽媽保重身体。兒 祈求主，就是耶和華上帝祝福 爸爸媽媽。謹此數語作為留念。

祝

平安

兒 炳興敬上

一九七〇 五九 年四月五日晚 遺書

江炳興遺書影本

五、陳良遺書

阿母：

兒自幼小由您千辛萬苦哺育長大，恩重如山。兒時時刻刻銘記在心，屢欲找機會報答，奈力不從心。不但未能隨側服侍，反而增加您的負擔，無法達到您的期待。內心實在眞難過。請原諒。

兒在受刑期間，深深體會阿母您的偉大，養兒的辛苦。雖然兒未做到任何的事業，但了解能做您的孩兒萬分的驕傲。兒雖未接受較高等的教育，又有很多的話欲提，也無法一一傾訴，只是兒眞歡喜先走了這條

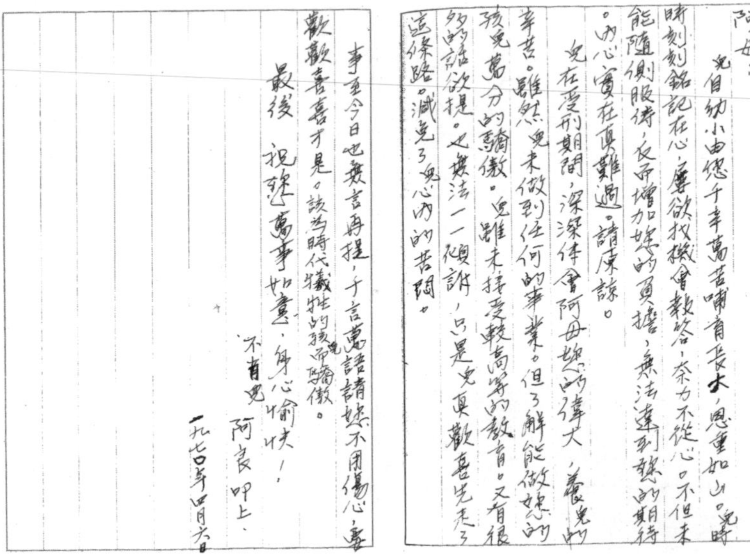
阿母：
兒自幼小由您千辛萬苦哺育長大，恩重如山。兒時時刻刻銘記在心，屢欲找機會報答，奈力不從心。不但未能隨側服侍，反而增加您的負擔，無法達到您的期待。內心實在真難過。請原諒。
兒在受刑期間，深深體會阿母您的偉大，養兒的辛苦。雖然兒未做到任何的事業，但了解能做您的孩兒萬分的驕傲。兒雖未接受較高等的教育，又有很多的話欲提，也無法一一傾訴，只是兒真歡喜先走了這條路，減免了兒心內的苦悶。
事至今日也無言再提，千言萬語請您不用傷心，要歡歡喜喜才是。該為時代犧牲的孩兒驕傲。
最後 祝您萬事如意，身心愉快！
不肖兒 阿良 叩上
一九七〇年四月六日

陳良遺書影本

路，減免了兒心內的苦悶。

事至今日也無言再提，千言萬語請您不用傷心，要歡歡喜喜才是。該爲時代犧牲的孩兒而驕傲。

最後　祝您萬事如意，身心愉快！

不肖兒阿良叩上

一九七〇年四月六日

六、謝東榮遺書

親愛的爸爸媽媽及兄弟姊妹：你們好。

人生如雲，一下子就消失了，而感恩你們養育長大，已嘗到甜的苦的和酸的，非常歡喜，眞多謝。

最使我失望的是，兒有心報答養育之情，奈何天不從人願。死前只有這點給我淚流不盡，但是爸爸媽媽生我沒有可安慰的地方，長大更立志希求人們都能快樂過日子，今且有很多話要說也不能數言說盡。請不要見怪，今有四點心事敬請代勞，感恩不盡。

一、兒懇請你們的幫忙，東隆兄、東雄弟各別過繼一男一女的，有兩人傳祠，兒已

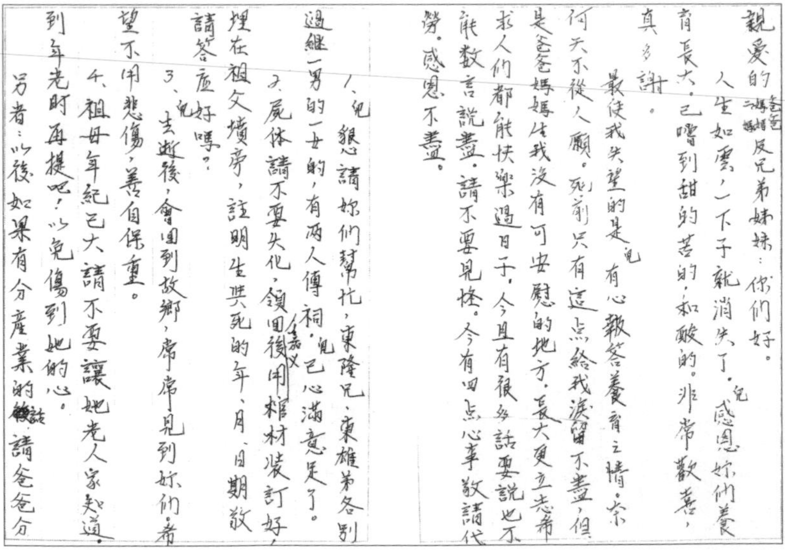

親愛的爸爸媽媽及兄弟姊妹：你們好。

人生如雲，一下子就消失了，兒感恩妳們養育長大，已嚐到甜的苦的和酸的，非常歡喜，真多謝。

最使我失望的是，兒有心報答養育之情，奈何天不從人願。死前只有這点給我淚留不盡，但是爸爸媽媽生我沒有可安慰的地方，長大更立志希求人們都能快樂過日子，今且有很多話要說也不能數言說盡。請不要見怪。今有四点心事敬請代勞。感恩不盡。

1、兒懇請妳們幫忙，東隆兄、東雄弟各別過繼一男的一女的，有兩人傳祠，兒已心滿意足了。

2、屍体請不要火化，領回後用棺材裝訂好，埋在祖父墳旁，註明生與死的年、月、日期，敬請答應好嗎？

3、兒去逝後，會回到故鄉，常常見到妳們，希望不用悲傷，善自保重。

4、祖母年紀已大，請不要讓她老人家知道，到年老時再提吧！以免傷到她的心。

另者：以後如果有分產業的話，請爸爸分

謝東榮遺書影本

心滿意足了。

二、屍體請不要火化，領回嘉義後用棺材裝訂好，埋在祖父墳旁，註明生與死的年、月、日期，敬請答應好嗎？

三、兒去逝後，會回到故鄉，常常見到你們，希望不用悲傷，善自保重。

四、祖母年紀已大，請不要讓她老人家知道。到年老時再提吧！以免傷到她的心。

另者：以後如果有分產業的話，請爸爸分一份給我的兒女，好讓他們以後不用為學費而擔憂。還有我的相片請留幾張起來做記念。

最後望神明保佑全家平安，身體健康，事業興旺，兒在天之靈也會保佑你們平安。

順祝

合家平安，事業興旺，身體健康。

不肖兒東榮叩上

遺書五十九年五月七日寫

七、未發表的文告（台灣獨立軍軍部發行）

（一）

四百多年前，我們祖先為免受壓迫與飢餓，冒九死一生，脫離故鄉，飄洋過海到達台灣，企求在此重建家園，自由自在生活，上天沒有辜負祖先的苦心，但是祖先慶幸的好景不長，首先荷蘭人發見、稱為美麗之島，即行強佔，繼以滿清的巧詐，後有日本人的殖民，我們祖先倍受侵略、屠殺、壓迫與奴隸，二次大戰中，祖先們為不失解放良機，乃組織台灣民眾黨、文化協會等，參加抗日，以求獨立，然國際間不顧台灣民眾的意願，竟將台灣出賣與中國，蔣介石一面欺騙說「我們是同胞」，一面出兵佔領，殘殺民眾，實行恐怖政治，為台灣史上所未有，台灣人才恍然大悟，不是同胞，乃是更殘暴的統治者，二十多年來國民黨追殺、監禁台灣志士，台灣人不得不以更大的決心起來爭取獨立、自由與幸福。

「我們不能使祖先的血白流，我們不能使子孫再蒙羞」，在深思熟慮之後，我們斷然採取行動，舉起正義的旗子，一面昭告世人，一面勉勵我們苦難的國人。

（二）

起來，起來，親愛的同胞們！
我們要爲台灣獨立而奮鬥，
我們要爲民衆自由幸福而犧牲，
四百多年來，先烈爲我們流血、流汗，夢寐以求的理想，
現正掌握在我們的手上，
唯有台灣獨立，自由與幸福才能得到保障，
唯有台灣獨立，亞洲紛爭才能平靜，世界才能和平。
起來，起來，親愛的同胞們！
我們要掙脫奴隸的枷鎖，
我們要解放被壓迫的痛苦，
四百多年來，先烈爲我們流血、流汗，夢寐以求的理想，
現正掌握在我們的手上，
唯有台灣獨立，我們可免再被奴隸與壓迫，

唯有台灣獨立，可恢復我們的尊嚴，人權得以伸張。
起來，起來，親愛的同胞們！
我們要重整被掠奪的家園，
我們要收拾被汙穢的河山，
我們要戰鬥，我們要攻擊！
先烈已爲我們留下美好的榜樣
我們不可使先烈的血白流，
我們不可使子孫再蒙羞，
一切都掌握在我們的手上，
我們要努力！我們要奮鬥！

(三)

經過二十多年的等待，我們發見，等待唯有死亡，祈求和平，唯有被侮辱，低聲下氣懇求諒解，唯有被譏笑，盼望正義援助，唯有被誤解我們甘願被奴隸，國際間沒有正義存在，相反的，強權正被歌頌，我們在一切希望都消失時，只好正告國際人士，我們並不是缺乏勇氣，我們並不是貪生怕死，我們現正遵從你們歌頌的方法，追求我們台灣的完整獨立，追求我們台灣民眾的自由與幸福，相信我們所採取的行動，你們不會感到驚訝，若有，只有指責你們正義感的遲鈍，無視我們於悲慘時的呼救有以致之，實在我們為採取行動感到遺憾，「必須愛你的仇敵」，我們深明這大意，但是我們亦要愛我們的同胞，我們曾為所可能發生的慘痛流淚、忍耐、等待，但是國民黨所加給我們的慘痛不願停止，流淚、忍耐被視為軟弱，現在我們已沒有眼淚可流，我們已沒有耐心可忍，剩下的唯有鮮血，這是多年來我們所珍藏的，現在我們亦把它獻給敵人，獻給世人，我們並不準備讓你們歌頌，但求苦難的同胞，獨立、自由與幸福，我們深信壓迫與奴隸存在時，自由與幸福等於空談，唯有家破與奴隸消失時，自由與幸福得以保障，人權得以伸張，世界能夠和平，對這眞理，我們以身勵行，祈求上天，使地上苦難急急過去，和平早日來臨。

八、照片區

國防部綠島政治感訓監獄大門前石碑

綠島人權園區平面圖

綠島新生訓導處營區

蠟像館

定價400元

近百年前，英國青少年的台灣讀本
女性宣教師在台灣各地親身見證的庶民生命史

宣教師連瑪玉（「彰化基督教醫院」創辦人蘭大衛之妻），為了讓英國青少年瞭解台灣宣教的實際工作，鼓舞年輕人投身宣教的行列，曾陸續出版三本台灣故事集，生動有趣地介紹台灣的風土民情、習俗文化、常民生活，以及初代信徒改信基督教的心路歷程。本書即為三書的合譯本，活潑、具體、生活化地刻劃了日治中期（1910-30年代）台灣人和台灣社會的樣貌，公認是揉合史料價值與閱讀趣味的經典讀物。

前衛出版
AVANGUARD

台灣經典寶庫4

封藏百餘年文獻 重現台灣

Formosa and Its Inhabitants

密西根大學教授
J. B. Steere（史蒂瑞） 原著
美麗島受刑人 林弘宣 譯
中研院院士 李壬癸 校註
2009.12 前衛出版　312頁　定價 300元

本書以其翔實記錄，有助於我們瞭解19世紀下半、日本人治台之前台灣島民的實際狀況，對於台灣的史學、人類學、博物學都有很高的參考價值。

——中研院院士 李壬癸

◎本書英文原稿於1878年即已完成，卻一直被封存在密西根大學的博物館，直到最近，才被密人教授和中研院院士李壬癸挖掘出來。本書是首度問世的漢譯本，特請李壬癸院士親自校註，並搜羅近百張反映當時台灣狀況的珍貴相片及版畫，具有相當高的可讀性。

◎1873年，Steere親身踏查台灣，走訪各地平埔族、福佬人、客家人及部分高山族，以生動趣味的筆調，記述19世紀下半的台灣原貌，及史上西洋人在台灣的探險紀事，為後世留下這部不朽的珍貴經典。

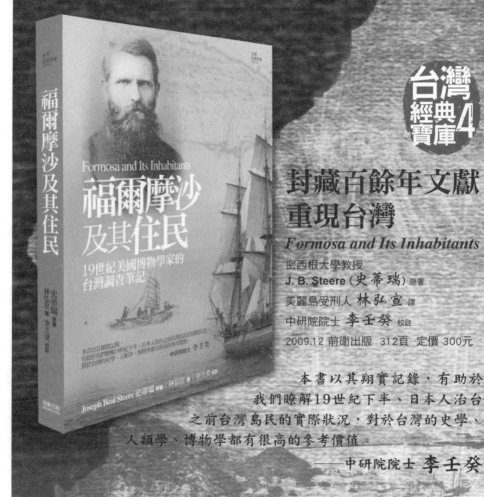

甘爲霖牧師
素描
福爾摩沙
Eslite
Recommends
誠品選書
2009.OCT
二〇〇九・十月
Wm Campbell
一位與馬偕齊名的宣教英雄，
一個卸下尊貴蘇格蘭人和「白領教士」身分的「紅毛番」
一本近身接觸的台灣漢人社會和內山原民地界的真實紀事……
譯自《Sketches From Formosa》(1915)
原來古早台灣是這款形！
百餘幀台灣老照片
帶你貼近歷史、回味歷史、感覺歷史……
誠品書店

國家圖書館出版品預行編目 (CIP) 資料

泰源風雲：政治犯監獄革命事件 / 高金郎作. – 初版. --
臺北市：前衛, 2019.05
面；15X21 公分 -

ISBN 978-957-801-883-9(平裝)

1. 獄政 2. 臺灣

589.8 108007652

泰源風雲——政治犯監獄革命事件

作　　者　高金郎
責任編輯　番仔火
美術編輯　NICO
封面設計　李鏡良
指導贊助　國家人權博物館 NATIONAL HUMAN RIGHTS MUSEUM

出 版 者　前衛出版社
10468 台北市中山區農安街153號4樓之3
電話：02-25865708 | 傳真：02-25863758
郵撥帳號：05625551
購書・業務信箱：a4791@ms15.hinet.net
投稿・代理信箱：avanguardbook@gmail.com
出版總監　林文欽
法律顧問　南國春秋法律事務所
總 經 銷　紅螞蟻圖書有限公司
11494 台北市內湖區舊宗路二段121巷19號
電話：02-27953656 | 傳真：02-27954100

出版日期　2019年5月新版一刷
定　　價　新台幣300元

Printed in Taiwan　ISBN 978-957-801-883-9